QUE SAIS-JE ?

JEAN CASTARÈDE
HEC. Docteur ès sciences économiques. ENA

Quatrième édition mise à jour

13e mille

DU MÊME AUTEUR

Europe 72, essai (Juilliard).
De l'Europe de la raison à celle du cœur, essai (Nathan), 1979.
La communiculture, essai (Stock) en collaboration avec Jean Sur, 1980.
Petit guide de poche de Paris (Tchou), en collaboration avec Marie-Aline Janneau, 1980.
Les voies de la passion, roman (Acropole), 1984.
Gabrielle d'Estrées ou la passion du roi (Acropole), 1987.
La triple vie de la reine Margot (France-Empire), 1992.
Henri IV le Roi vengé (France-Empire), 1996.
Histoire de la Guyenne et de la Gascogne (France-Empire), 1997.
Les femmes galantes du XVIe siècle (France-Empire), 2000.
Aquitaine (Sud-Ouest), 2000.
La Gascogne (Sud-Ouest), 2001.
Moulin Rouge (France-Empire), 2001.
Bassompierre, 1579-1646 (Perrin), 2002.
La construction européenne (Studyrama), 2004.
Les grands auteurs de la littérature française (Studyrama), 2004.
La Fontaine (Studyrama), 2004.
Histoire du Luxe en France, des origines à nos jours (Éditions Eyrolles), 2006.

À paraître

Les Religions (Studyrama), 2007.
« 50 ans de construction européenne » (Studyrama), 2007.

ISBN 978-2-13-056225-2

Dépôt légal — 1re édition : 1992
4e édition mise à jour : 2007, mai

PRÉFACE

La définition du luxe est très subjective. Suivant les langues, le mot a d'ailleurs une connotation très différente. Étymologiquement, allant du *lux*[1], la lumière, c'est-à-dire le rayonnement, le goût, l'éclairage, l'élégance, à la *luxuria,* c'est-à-dire l'excès, le clinquant, le rare, l'extrême, ou plutôt « luxus », qui serait l'origine indo-européenne, déviation, rupture, et qui a donné luxation, il a perpétuellement balancé entre ces deux pôles du paraître et de l'être.

D'où la grande querelle entre les puristes et les autres. Pour ceux-là le luxe est une valeur sûre, rare et donc chère, presque un objet de placement.

Pour ceux-ci le luxe est seulement tout ce qui n'est pas indispensable, ce superflu, chose très nécessaire dont parlait Voltaire.

En termes de « mercatique » on dira que le luxe est tout ce qui est moins quantifiable et plus intuitif parce que faisant appel à la création et au génie : d'où sa spécificité à la fois dans les pratiques de vente et d'organisation, dans les modes de gestion, d'encadrement et de recrutement.

Pour les tenants de la première école, le luxe est aussi un acte patrimonial, un bon placement ressortissant autant de l'investissement que de la consommation. Pour eux, dès qu'il y a interchangeabilité, banalisation, destruction par consommation, il n'y a plus de luxe.

Au risque de décevoir les puristes, nous aborderons le luxe au sens large, c'est-à-dire dans son acception la

1. Cette origine, bien que très souvent citée, est d'ailleurs contestée comme nous le verrons plus loin.

moins élitiste : le luxe, c'est ce qui n'est pas courant et qui est lié au don, à la représentation, à la magnificence et à la fête. C'est tout ce qui n'est pas nécessaire. Mais, là encore, la frontière est subtile. Les modes et les styles de vie changent et évoluent. Une fois satisfaits les besoins indispensables de l'être que sont la nourriture, le logement, la liberté (de travailler et donc de se reposer, de penser, d'agir et de communiquer), il existe, suivant les lieux et les époques, des besoins non satisfaits et très spécifiques : par exemple le soleil pour les pays nordiques, le calme pour les citadins, l'anonymat pour les villageois. En outre, les modes sont également variables dans le temps et l'espace. La femme, de nos jours, ne supporte plus les contraintes vestimentaires d'autrefois et l'on aurait du mal à lui imposer ces robes à crinolines ou à cerceaux qui constituaient la suprême élégance aux siècles passés. Certaines femmes africaines, en hommage à la fertilisation du sol, se parfument de bouse de vaches, ce qui n'est pas exactement l'odeur préférée des civilisations dites avancées.

Le prix du luxe, c'est-à-dire sa valeur d'investissement patrimonial, rejaillit également sur les autres objets annexes, c'est-à-dire ceux d'une consommation plus banalisée. Les deux ont un commun dénominateur : on n'achète pas un objet mais un signe. On quitte l'univers matériel pour entrer dans l'univers mental. Et c'est cette osmose de l'un et de l'autre, cette interaction de l'un sur l'autre qui donne sa spécificité au luxe. Est luxueux tout ce qui est rare, c'est-à-dire ce qui n'est ni commun ni courant. La rareté est aussi un phénomène subjectif qui justifie le différentiel de prix. Mais, surtout, le luxe est lié au goût et notamment au bon goût, c'est-à-dire qu'il met en cause des critères subjectifs. Voilà pourquoi certains bannissent le mot et préfèrent l'élégance pour qualifier ces activités. Tous s'entendent pour réhabiliter ce secteur, en plaidant que le luxe n'est pas forcément condamnable : pour certains, le luxe sera le temps, la beauté, la bonté, la culture. Le luxe est aussi le reflet d'une personnalité ou d'une époque ou d'une société. Au luxe du « sur soi » succède aujourd'hui celui du « chez soi » qui est aussi la marque du repli vers la vie domestique ce qui est désigné en anglais comme le *cocooning*.

Éternel, caractéristique d'une civilisation et des hommes qui la composent, le luxe est une soupape indispensable à l'activité humaine au même titre que la détente, le sport, la réflexion (ou la prière) et l'amour. C'est aussi notre part de rêve. Nos trois libidos *(capiendi, sentiendi, dominandi)* n'y sont pas non plus étrangères. Il faut donc l'étudier comme un phénomène en soi, sans *a priori,* ni esprit partisan. Le luxe, c'est une façon d'assouvir nos fantasmes. C'est l'équivalent des jouets de l'enfant. C'est le regard que l'on porte sur lui qui rend le luxe si nécessaire.

Il faut se laisser guider dans ce labyrinthe mystérieux. Il faut tisser un fil d'Ariane qui nous permette de découvrir les codes, les règles, les signes et les rêves de ce qui est aussi un secteur économique de l'ordre de 100 milliards d'euros dans le monde où la France est en tête avec près de la moitié de la production.

Tel est l'objet du présent ouvrage. Nous nous bornerons essentiellement au luxe français, eu égard au format de cette collection, l'ensemble de ce domaine étant traité dans un futur ouvrage. Mais n'oublions pas que le luxe français, qui dominait le monde et le domine encore, est menacé puisqu'il perd chaque année des parts de marché. Plusieurs fois par siècle depuis la Renaissance, la France a commis des erreurs historiques dans ce secteur. Il n'est peut-être pas trop tard pour relever ce défi.

Ce livre est destiné à mieux faire connaître ce secteur, à valoriser ceux qui en sont responsables et à susciter de nouvelles vocations, y compris dans les métiers d'art.

C'est aussi un cri d'alarme pour que ne se renouvellent pas les erreurs d'antan et que les pouvoirs publics comprennent que leurs comportements ne sont pas neutres en cette matière et qu'ils conditionnent à la fois notre développement économique mais aussi le rayonnement de notre culture.

Chapitre I

LE LUXE ÉTERNEL

I. – Défense et illustration

Le luxe vient du latin *luxus* : déviation, d'où le mot luxation. Ce n'est que chez Cicéron qu'on le trouve associé aux fastes, à l'excès et à la débauche (luxe de détails). On a voulu à tort le rapprocher de deux termes voisins et différents : le premier, *lux* (lumière), qui a amené certains à le défendre au même titre que la lumière qui éclaire le monde ; le second, *luxuria,* c'est-à-dire la luxure dont le rapprochement est tout aussi fallacieux.

Pour beaucoup, le luxe est contesté. À un moment où la moitié du monde est mal nourrie, où le vrai combat est celui de l'égalité des chances, l'étalage du luxe interpelle et choque. Le luxe est généralement stigmatisé et condamné par tous les discours et en particulier le discours politique. On pourrait dire à son propos ce que Roland Barthes dit à propos de l'« amour eros », à savoir qu'il n'est supporté par aucun discours valorisant ; d'où le caractère subversif d'un écrit sur le luxe. Face à toutes ces contradictions, que faut-il penser ? Mal nécessaire, soupape, alibi, ressort de l'économie, ferment de créativité, qu'est-ce au juste que ce luxe dont nous allons voir qu'il est indispensable, éternel, universel.

Nécessité ou illusion. – Il est indispensable car il répond à une nécessité psychologique et biologique.

Le monde est né avec le luxe. Sa création est luxueuse, abondante, foisonnante. L'eau, la terre, le feu par leurs excès ne sont-ils pas une forme de luxe ?

Nos aspirations profondes sont, elles-mêmes, liées au désir de luxe. L'homme, cet être insatisfait, poursuit en rêve un but inaccessible qui l'aide pourtant à progresser. Le luxe est aussi une forme de dépassement, source de progrès et donc incitation à obtenir davantage ou à être meilleur.

Le moyen, le médiocre, le banal, voilà l'ennemi : c'est-à-dire ce qui appauvrit et enlève notre dynamisme. Le nivellement par la moyenne n'a jamais donné de bons résultats. La créativité, l'innovation reposent sur cette volonté de l'homme d'aller toujours plus loin et de ne pas se contenter de la satisfaction des besoins immédiats.

Le luxe participe à ce mouvement vers l'exigence et l'excellence. Voilà pourquoi il est indispensable. Dès l'origine, l'homme s'offre un certain nombre de luxes : le vêtement ne répond pas seulement à sa fonction de protéger du froid, il devient une parure et les accessoires ont été créés en même temps (bijoux, etc.). L'homme a faim et les mets deviennent de plus en plus sophistiqués, servis dans des ustensiles. Lévi-Strauss raconte comment les femmes de certaines tribus africaines n'ayant que peu de rapports de communication avec les hommes avaient imaginé tout un langage à partir des ustensiles culinaires dans lesquelles elles présentaient les mets. Et c'est ainsi que sont nés les premières poteries et l'art de la table. C'était un moyen de transmettre un message à l'être aimé. Quelle magnifique leçon de réconciliation de nos besoins matériels et spirituels, de la culture et de la communication[1] !

1. Nous avions déjà rappelé cela dans notre livre *La communiculture,* Éditions Stock, 1979.

De la même manière, les premiers hommes décorant les cavernes ont laissé derrière eux des traces rupestres qui sont aussi une façon de transmettre un message à leurs descendants.

Ainsi, le luxe comme la culture, participent-ils à cet effort de progrès, par l'émulation, l'assouvissement de nos désirs, la communication.

Dépassement et offrande. – Dans les vingt derniers siècles de notre civilisation, le luxe éternel a eu plusieurs caractéristiques.

On peut dire que jusqu'au Moyen Âge, le luxe a été le reflet de ce mystère religieux qui pousse l'homme à se dépasser par une offrande ou par un signe. Dans le *Conte du Graal,* en particulier dans le roman de *Perceval* de Chrétien de Troyes, celui qui va affronter les épreuves et devenir ainsi le seigneur tant attendu, découvre un château « d'une très belle architecture, à la fois somptueux et très bien fortifié ». Les temples, les embaumements, les parures, les cathédrales relèvent de ce mouvement mystérieux qui incite les individus vers un acte gratuit. En même temps, cette démarche sacralise leur vie et embellit le quotidien. On retrouve cette attitude dans certaines civilisations comme par exemple à Bali où il y a plus de lieux de prière que de maisons, où les cérémonies du mariage et de l'enterrement sont plus que des rites, mais aussi des aboutissements de toute une vie auxquels l'on consacre une grande partie de ses revenus. Le culte des Japonais pour le cadeau relève de cette même attitude. On peut aussi évoquer la coutume du Potletch chez les Indiens d'Amérique. Il s'agit de faire un don de caractère sacré, le défi étant pour le destinataire de faire un don équivalent. À cet égard, le luxe n'est pas très éloigné de la fameuse catharsis du théâtre. C'est une manière aussi d'exorciser nos fantasmes ou nos pulsions. Ceux qui ont comparé l'acte d'achat à un acte d'amour ne se sont pas tellement trompés lorsqu'il s'agit de l'achat somptueux d'un objet luxueux. Le luxe est donc au premier chef lié à nos pulsions, qu'elles soient bonnes ou mauvaises. La principale règle de vie est de les assumer ou de les sublimer. Et, finalement, la véritable distinction entre le vrai et le faux luxe est celle qui mettra davantage l'accent sur l' « être » plus que sur l' « avoir ».

Différence ou diapason. – Le luxe peut également être une marque d'identité. « On ne fait pas comme le voisin. » Ce réflexe naît avec l'apparition des couches sociales et des castes. Le luxe devient alors l'attribut du rang. Il est la marque du pouvoir comme l'atteste l'importance des ornements, des couronnes, des armoiries, des bagues pour les prélats et les seigneurs. Un pas décisif est franchi sous la Renaissance.

Après les moines, les religieux, les papes, les rois et les seigneurs ont voulu faire construire des châteaux qui n'étaient plus seulement une protection. Le luxe apparaît encore plus nettement quand le pont-levis est remplacé par un jardin. François Ier fait venir les artistes italiens, au premier rang desquels Léonard de Vinci pour faire construire des châteaux de la Loire. Ce sont les Valois puis les Bourbons qui ont inspiré ce mouvement. Les Médicis, grâce aux deux alliances royales avec la France, et davantage Catherine que Marie, ont joué un rôle important à cet égard.

Le luxe est un appel à la considération. Les habits à la Cour changent suivant les positions et c'est le roi qui inspire la mode. On donne des fêtes de plus en plus somptueuses. Le camp du Drap d'or dont le dernier exemple a été la fête du shah d'Iran à Persépolis est une façon de montrer qui on est, que l'on peut éblouir et honorer son hôte. On montre sa magnificence et l'on fait construire Versailles. Mais en même temps, quand le surintendant Fouqué agace avec son château de Vaux-le-Vicomte, il sera emprisonné.

De nos jours ceux qui donnent des fêtes somptueuses (ou des bals) répondent à la même inspiration, comme l'ont fait les Thyssen, Thurn and Taxi, Mickael Jackson ou Forbes (à Tanger quelques mois avant de mourir). La fête est d'ailleurs une des composantes du luxe comme le fait remarquer Jean Duvignaud dans son livre *Fêtes et civilisations*[1] : « La fête, éphémère ou si périssable soit-elle, engendre des semences d'idées et de désirs jusque-là inconnus et qui souvent lui survivent. Privée de cette activité apparemment gratuite, de cette finalité sans fin, l'espèce humaine retomberait dans l'animalité. »

Le luxe est véritablement l'apanage de la supériorité. On fait construire la Manufacture royale de Sèvres et celle des Gobelins, puis l'hôtel des Monnaies et Médailles qui ne fabriquent que des objets luxueux contrôlés par l'État, c'est-à-dire destinées aux cadeaux du roi.

La synthèse entre les deux aspirations (différenciation et offrande) est donnée par ce chef-d'œuvre absolu du luxe, que constitue le fameux Taj Mahal. Ce château est à la fois la preuve de la magnificence et « le cadeau hommage » à la reine qui trône au centre de l'édifice. Ce n'est peut-être pas un hasard si le magnat américain de l'immobilier, M. Trump, a scellé son apogée (ainsi que sa déconfiture) en faisant construire un casino-palais près de New York, à Atlantic City, qu'il a baptisé Taj Mahal. On retrouve cette même inspiration au palais Topkapi d'Istanbul.

Confort, commodité. – Voltaire réhabilite le luxe, « le superflu chose très nécessaire ». Mais, avec la

1. Actes Sud, 1991.

bourgeoisie du XIXe siècle, le luxe s'oriente vers le confort et la commodité, ce qui n'exclut pas la rareté ou la sophistication. L'approche est différente. C'est peut-être pour cela que le XIXe siècle laissera moins de traces architecturales ou de création d'objets à l'exception du mobilier.

Le style bourgeois va l'emporter sur le style aristocratique, à quelques exceptions près comme l'argenterie, le cristal, le mobilier anglais ou celui de nos rois et empereurs. L'art devient presque utilitaire : la tour Eiffel est un exemple gratuit des prouesses de l'acier. C'est le premier monument à la gloire de la civilisation mécanique. Et ce sera le dernier. Plus tard, on va construire des musées, des théâtres, des opéras, des bibliothèques pour concilier à la fois la vertu exemplaire de l'architecture et la diffusion de la culture. On sera plus utilitaire et plus exotique à l'image de ces expositions universelles. Balzac, malgré sa fascination pour les accessoires de luxe (il écrira sur les gants, les dentelles), n'est pas un écrivain du luxe et il faudra attendre Proust pour retrouver sa quintessence. Il faut au luxe une Cour, et la République a mis du temps pour recréer la sienne.

Offrande, identité, rareté sont les trois constantes du luxe à des degrés divers. Ce sont ces trois démarches inconscientes que l'on retrouve partout dans le monde chez l'amateur de luxe. Donc c'est une démarche universelle.

La ruée vers l'or, métal rare mais aussi paré de vertus objectives et mystérieuses ou thérapeutiques (commodité, résistance, etc.) au même titre que les pierres précieuses représente la même démarche.

La route de la soie, c'est-à-dire la quête d'une matière noble et chatoyante, signe d'une civilisation ainsi que le marché des épices qui relèvent la qualité des mets, sont autant d'étapes de la conquête du monde.

Le luxe est notre aiguillon. C'est aussi notre façon d'assouvir nos fantasmes. C'est la part de rêve, de compensation et de générosité.

Aujourd'hui, le luxe est relatif. Chacun le place à son niveau. Pour un président débordé, le luxe c'est le temps. Pour un agriculteur, c'est la convivialité qui peut se traduire par un bon repas avec des amis.

Mais le luxe a également une nouvelle caractéristique. Il n'est pas exclusif d'autres valeurs : le coca-cola et le vin fin cohabitent de la même manière que le jean et la tenue de soirée.

Quel que soit son niveau, des rivières de diamant, du caviar, des Must de Cartier ou des foulards Hermès, il reste mystérieux, quoique répétitif car il correspond à un besoin éternel.

II. – Éthique ou esthétique

Le luxe n'est l'objet d'aucun discours gratifiant. Face à la misère, aux besoins essentiels non satisfaits des deux tiers de l'humanité, face aux maladies, on a du mal à justifier tant d'efforts pour une activité qui apparaît inutile, voire scandaleuse. On ne peut pas occulter ce dilemme.

Bien sûr, toute activité économique est bonne en soi dans la mesure où elle accroît le produit national brut, crée des emplois, favorise les échanges internationaux et donc augmente la richesse. On connaît la thèse de l'économiste Keynes qui préconise tous les moyens d'amorcer la pompe de l'économie, en anticipant sur la demande solvable même au besoin en payant des ouvriers à creuser des trous dans le sol. Ainsi, le luxe pourrait aussi s'apparenter à la politique des grands travaux du *New Deal.* Depuis, la théorie keynésienne a été nuancée dans la mesure où il a été prouvé que l'on ne doit pas faire n'importe quoi à n'importe quel moment. Mais le luxe n'est une activité ni nuisible, ni malsaine. Pourquoi donc le luxe serait-il mis au ban de la société ?

Il est intéressant de savoir pourquoi le luxe est si déprécié. Les philosophes se sont penchés sur cette question et ont tenté de donner une explication, voire de réhabiliter le luxe. À notre tour nous allons essayer de faire la même démarche[1]. Beaucoup de littérateurs et Jean-Jacques Rousseau en particulier ont condamné le luxe. Ainsi, dans son *Discours sur les sciences et les arts* de 1750, Rousseau parle du luxe, d'un point de vue éthique. S'opposant à Voltaire, il montre que le luxe est contraire aux exigences de la nature et qu'il est inséparable de la décadence des mœurs. Pour lui, le luxe est moins l'antonyme de la sobriété que de la vertu. Le luxe, résultat du progrès des Lumières, engendre l'immoralité, la dépravation. Cette querelle prend une plus grande ampleur et devient une véritable polémique autour de la publication d'un ouvrage anglais *La fable des abeilles* de M. de Mondeville autour de laquelle, au milieu du XVIIIe siècle, partisans et contempteurs du luxe s'affrontent.

Les auteurs latins ne faisaient que reprendre les écoles philosophiques grecques qui ont condamné le luxe en tant que manifestation par laquelle l'homme s'attribue des biens non nécessaires qu'il s'offre par le fait de sa richesse ou de sa puissance. Par ailleurs, le luxe synonyme d'excès et de démesure ne pouvait qu'être critiqué par ces philosophes dont l'idéal était

1. Nous nous sommes inspiré, dans ce chapitre, d'un excellent mémoire écrit dans le cadre de l'Institut supérieur du marketing de luxe par un étudiant d'HEC, Jean-Paul Jaosidy, et des commentaires qu'en a faits le R.P. Geffré OP qui a participé à sa soutenance de mémoire. Nous remercions aussi Sylvie Kouznetzoff qui nous a aidé dans les citations. Voir aussi le chapitre consacré au XVIIIe siècle du livre de M. Marseille (cf. bibliographie).

de rétablir l'ordre et la mesure. Pour eux, la principale vertu est le juste milieu. Après les Grecs, Sénèque, Marc Aurèle, Épictète, les stoïciens ou les cyniques influencèrent tellement Montaigne et Pascal, qu'ils inspirèrent à ces disciples l'austérité et le dénuement.

Seuls les hédonistes ou les épicuriens auraient pu réhabiliter le luxe, mais tout d'abord on n'a retenu de ces philosophes que leurs excès ou écarts pour mieux les critiquer. Leur subtilité, dans la mesure où elle aurait pu justifier un certain luxe qualitatif, a échappé à la plupart. La dialectique noble des plaisirs qui s'ensuivit allant jusqu'à la permissivité ne fit qu'accroître le discrédit sur ce qui aurait pu être une réhabilitation du luxe.

De son côté, l'Évangile, avec les paraboles de l'enfant prodigue, du jeune homme riche *(abiit tristis)*, le scandale de Lazare et les béatitudes, « bienheureux les pauvres », entraînant toutes les vocations des ordres mendiants avec leurs vœux de pauvreté, a parachevé cette mauvaise réputation que le marxisme a encore renforcée.

Une première constatation s'impose. Face à ce dénigrement systématique on aurait pu penser que d'autres philosophies plus modernes auraient tenté de trouver des justifications.

Max Weber a montré dans ses œuvres les relations entre la réussite économique et l'esprit protestant. Malheureusement, le luxe ne trouve pas grâce aux yeux des protestants qui ont rejeté toutes ses manifestations en raison précisément de leur inutilité, le luxe étant une forme de gaspillage et une mauvaise utilisation du capital.

On ne peut que le regretter dans la mesure où la confusion faite entre le luxe, les biens et les richesses, d'une part, et leur excès, d'autre part, a faussement discrédité le luxe.

Par sa démarche, par son originalité, par tout ce qu'il implique de personnaliste et même d'humaniste, le luxe peut être détaché de l'avoir et s'approcher de l'être. Si nous écartons l'aspect purement matériel du luxe nous pouvons comprendre à quelles motivations il correspond. Nous découvrons que cette motivation même incarnée dans un support matériel est liée à une aspiration mystérieuse de notre être. Ainsi, le luxe, même sur le plan éthique, reprend toute sa justification.

Une société marque son progrès si elle se situe non seulement au niveau de ses besoins mais aussi au niveau de ses aspirations. Celles-ci aident l'homme à se dépasser. À ce titre, le luxe n'est-il pas cette petite différence entre le vivre et le survivre. On entre alors dans une nouvelle sphère qui quitte l' « avoir » pour rejoindre l' « être », avec ses valeurs comme la liberté, l'amour ou la considération. Le luxe ne relèverait plus seulement de l'avoir ou du pouvoir ou du valoir, mais serait un supplément d'être lié à l'amour de la perfection, au même titre que le charme ou la grâce. Même si on considère le luxe comme étant du côté du paraître et non de l'être, ne peut-on y voir une modalité positive de l'ostentation comme l'a montré Gracian dans le « livre du discret » qui raconte l'apologue du paon, l'oiseau d'ostentation. Il y aurait une apparence négative, celle alors qui consiste à apparaître sans être, et une apparence positive, celle qui est le *signe* de l'être. « Le créateur a conféré à ses créatures le Paraître en même temps que l'Être » (Jankélévitch, à propos de l'apologue du paon).

L'être et le paraître cessent d'être antinomiques comme chez Rousseau, mais l'un est le signe visible de l'autre. Il le manifeste. J'approuve « une petite majoration antique dont le créateur a gratifié l'être pour qu'en plus de l'être nu, l'être ait aussi la splendeur multicolore du plumage et la gloire et le lustre ». Et

III. – Achat cadeau ou achat plaisir

Le luxe restera toujours un domaine à part, mystérieux, controversé et, surtout, divers. Sa seule unité, c'est sa spécificité. Il ne répond pas aux motivations des autres activités humaines. Il ne répond pas non plus aux normes générales des activités économiques. On peut dire que le luxe ressortit à la logique économique et à la logique mentale.

Rappelons les trois libidos déjà citées : le luxe est d'abord une forme de paraître et de domination et, à cet égard, il est du domaine de la libido *dominandi.*

Dans le registre des sens c'est une forme d'offrande et de paroxysme. C'est une petite mort dans la mesure où il y a épuisement des ressources et souvent un désir de séduire, de donner ou de se faire plaisir : libido *sentiendi.*

C'est enfin un acte patrimonial pour soi ou pour les autres qui relève de la libido *capiendi.*

Offrande ou égoïsme. – Le luxe a sa logique propre, qui n'est réductible à aucune règle car il ressortit au domaine des désirs et non des besoins. Baudrillard l'a fort bien montré. Le désir est supérieur au besoin dans la mesure où c'est lui qui nourrit notre psychisme de la même manière que l'assouvissement des besoins correspond à notre vie physiologique. L'enfant ne se contente pas de biberons. Très vite il a besoin de jouets (aujourd'hui des jeux vidéo) qui sont les supports de ses rêves et de ses premiers fantasmes. Nous naissons avec inquiétude, avec le sentiment d'un environnement hostile. Notre premier acte est un cri d'angoisse face à la difficulté de respirer d'autant que nos voisins, très vite, vont s'ingénier à « nous prendre cet air ». Alors, il faudra séduire, c'est-à-dire leur « faire plaisir » ou nous « valoriser » pour « retrouver notre place au soleil ». On retrouve ainsi les deux fonctions du luxe, celle de la jouissance intervenant parallèlement.

L'acte d'achat obéit à cette seule et même règle : se faire plaisir ou faire plaisir. À partir de là, les économistes ou les hommes d'affaires devront en percer les mystères et retrouver dans les objets de luxe ces besoins de sécurité, d'appartenance, de considération, enseignés dans les livres d'économie politique.

Il faut distinguer :

- l'achat pour soi ;
- l'achat cadeau.

L'achat *« pour soi »* relève du domaine du placement ou du paraître. Ce peut être aussi l'assouvissement d'un long désir comme la possession d'une collection. Il faut donc bien comprendre la psychologie de celui auquel on s'adresse. C'est un achat freudien par définition. Quel est le but inconscient recherché par l'acheteur. C'est tout l'art du vendeur de le détecter et, dans ce domaine, la psychologie comme les études de motivation fondées sur les sociostyles sont fondamentales.

L'achat *« cadeau »* peut aussi faire intervenir un mélange de bonne affaire (puisque l'objet n'est pas pour soi) et en même temps d'effet produit (qui met en cause l'idée que l'on se fait de celui à qui sera remis le cadeau) ; d'où une certaine forme de projection subjective ou objective, projection honnête ou malhonnête (malhonnête dans la mesure où l'on veut que le bonheur de l'autre soit plus important que le sacrifice consenti ou inversement). C'est ce que l'on peut appeler la fonction métonymique[1] du cadeau. C'est là

1. *Métonymie :* figure de rhétorique et, par extension, procédé de langage par lequel on exprime un concept au moyen d'un terme désignant un autre concept qui lui est uni par une relation néces-

qu'intervient l'importance indispensable mais aussi démesurée de l'emballage.

Les cinq sens. – Lié à la beauté, le luxe est surtout lié aux cinq sens, ce qui rend son approche particulièrement subtile. Existe-t-il une hiérarchie des cinq sens ?

Certains disent que l'ouïe, parce qu'elle permet la communication et l'émotion (la voix et, donc, l'entendement sont fondamentaux pour l'homme), l'emporte sur le regard. Pourtant, il existe peu d'objets de luxe liés à l'oreille et beaucoup au contraire que nos yeux nous font découvrir. « La plus grande chose qu'une âme humaine fasse jamais en ce monde, écrivait John Perskin dans *Peintres modernes,* est de voir quelque chose. Voir vraiment est poésie, est prophétie, est religion tout à la fois. »

Les objets de luxe que le regard révèle sont :

- tout d'abord les lieux, les sites, les jardins, les demeures, les hôtels, l'architecture, la nature ;
- ensuite les objets de nos déplacements (bagages, moyens de déplacement, lieux d'accueil) ;
- notre décor quotidien, meubles, argenterie, tableaux, bibelots, objets d'art ;
- les parures de séduction : habits, bijoux.

Après le regard viennent les *sons.*

La voix est donc l'entendement, comme l'écrit Roland Barthes[1] : « Il nous faudra apprendre à écouter le texte de la voix, sa signifiance, tout ce qui, en elle, déborde la signification », et il ajoute : « Le grain d'une

saire (la cause pour l'effet, le contenant pour le contenu, le signe pour la chose signifiée).

1. Roland Barthes, Le grain de la voix, *Les fantômes de l'Opéra,* entretien avec Hector Biancotti.

voix... implique un certain rapport érotique entre la voix et celui qui l'écoute. »[1]

Voix qui est *poésie,* puisque R. Barthes traduit la magie d'une voix, celle de Gundula Janovitz dans *Les Noces de Figaro* par des métaphores :

« ... je trouve les images d'un lait végétal, d'une vibration nacrée située à la limite – exquise et dangereuse – du détimbré. »

Ainsi, l'oreille nous révèle la musique et la douceur des sons et de la parole.

Reste l'odeur avec le royaume mystérieux, mais abondant dans le domaine, des parfums.

« L'odorat a si souvent été maltraité par les philosophes que l'on peut se demander si ceux-ci ont un nez », observe Annick Le Guérer qui, dans son livre *Les pouvoirs de l'odeur*[2], retrace l'histoire de ce long discrédit :

« Platon et Aristote accusèrent l'odorat d'être à l'origine de plaisirs moins purs que ceux de la vue et de l'ouïe. Kant le considère comme un sens "ingrat" procurant davantage de désagréments que de satisfactions et juge par conséquent inutile de le cultiver. Hegel l'exclut de l'esthétique, car il ne permet ni la vraie connaissance du monde, ni la vraie connaissance de soi.

« Sens ambigu, à la charnière des sens de la distance (la vue et l'ouïe) et de ceux du contact (le goût et le toucher), sens animal, primitif, instinctuel, voluptueux, érotique, égoïste, nous imposant, bon gré mal gré, les sensations les plus pénibles, inapte à

1. La voix est non seulement le reflet de l'âme. C'est aussi le premier attachement à la vie et à la mère (cf. livre de Marie-France Castarède, *La voix et ses sortilèges,* Les Belles Lettres, 1982.

2. *Les pouvoirs de l'odeur,* F. Bourin, 1988, résumé des p. 229 à 276.

l'abstraction, incapable de donner naissance à un art et encore moins de penser : les raisons de dénigrer l'odorat sont nombreuses. Encore faut-il y ajouter la fugacité et l'évanescence de son objet, qui rendent difficile la désignation des odeurs et fournissent un argument supplémentaire à tous ceux qui tiennent l'olfaction pour résolument inférieure.

« Certains philosophes, peu nombreux il est vrai, se sont cependant insurgés contre ce discrédit. Le mouvement de réhabilitation commence véritablement au XVIIIe siècle, avec les sensualistes et notamment l'abbé de Condillac.

« Mais c'est au XIXe que l'odorat trouve ses plus éloquents défenseurs avec Charles Fourier et surtout Nietzsche pour qui le refus de considérer l'odorat comme un moyen de connaissance s'enracine dans le rejet de l'animalité, pourtant inséparable de l'être humain, ainsi que dans une parallèle surestimation de la raison. Les liens de l'odorat avec la sagacité, la pénétration d'esprit et la sympathie destinent ce sens à être celui du psychologue qui se guide de façon instinctive et dont tout l'art ne consiste pas à raisonner mais à subodorer. Et le "psychologue-né" qu'est Nietzsche se targue d'être particulièrement bien pourvu sous ce rapport : "Je suis le premier à avoir découvert la vérité, par le seul fait que je suis le premier à avoir senti – à avoir flairé – le mensonge comme mensonge." »

Michel Serres de l'Académie française est un des rares philosophes, notamment dans *Les cinq sens,* à avoir réhabilité tous les sens, lui qui a si bien écrit : « Il n'y a rien dans l'intellect si le corps n'a roulé sa bosse, si le nez n'a jamais frémi sur la route aux épices. »

Vient enfin le toucher avec la qualité des matériaux qui renferme la plupart des vertus du luxe. Cela a d'ailleurs été souligné dans de nombreuses études psychologiques, et notamment au moment du lancement du briquet Must Cartier qui firent apparaître la jouissance tactile de cet objet. On peut à ce propos rappeler les différentes fonctions du toucher mises en valeur par Didier Anzieu dans son ouvrage *Le Moi-peau*[1]

Les fonctions du Moi-peau selon Anzieu :

« J'entreprends maintenant d'établir un parallèle plus systématique entre les fonctions de la peau et les fonctions du moi, en essayant de préciser pour chacune le mode de correspondance entre l'organique et le psychique, les types d'angoisse liés à la pathologie de cette fonction, et les figurations du trouble Moi-peau que la clinique nous en apporte. L'ordre que je vais suivre n'obéit à aucun principe classificatoire rigoureux. Je ne prétends pas non plus être exhaustif quant à l'inventaire de ces fonctions qui reste ouvert.

« 1 / De même que la peau remplit une fonction de soutènement du squelette et des muscles, de même le Moi-peau remplit une fonction de *maintenance* du psychisme.

« 2 / À la peau qui recouvre la surface entière du corps et dans laquelle sont insérés tous les organes des sens externes répond la fonction *contenante* du Moi-peau. Cette fonction est exercée principalement par le *handling* maternel. La sensation-image de la peau comme sac est éveillée, chez le tout-petit, par les soins du corps, appropriés à ses besoins, que lui procure la mère.

« 3 / La couche superficielle de l'épiderme protège la couche sensible de celui-ci (celle où se trouvent les terminaisons libres des nerfs et les corpuscules du toucher) et l'organisme en général contre les agressions physiques, les radiations, l'excès de stimulations.

« 4 / La membrane des cellules organiques protège l'individualité de la cellule en distinguant les corps étrangers auxquels elle refuse l'entrée et les substances semblables ou complémentaires auxquelles elle accorde l'admission ou l'association. Par son grain, sa couleur, sa texture, son odeur, la peau humaine présente des différences individuel-

1. *Le Moi-peau,* Dunod, 1985, résumé des p. 97 à 105.

les considérables. Celles-ci peuvent être narcissiquement, voire socialement surinvesties. Elles permettent de distinguer chez autrui les objets d'attachement et d'amour et de s'affirmer soi-même comme un individu ayant sa peau personnelle. À son tour, le Moi-peau assure une fonction d'*individuation* du Soi, qui apporte à celui-ci le sentiment d'être un être unique.

« 5 / La peau du bébé fait l'objet d'un investissement libidinal de la mère. La nourriture et les soins s'accompagnent de contacts peau à peau, généralement agréables, qui préparent l'auto-érotisme et situent les plaisirs de peau comme toile de fond habituelle des plaisirs sexuels. Ceux-ci se localisent à certaines zones érectiles ou à certains orifices (excroissances et poches) où la couche superficielle de l'épiderme est amincie et où le contact direct avec la muqueuse produit une surexcitation. Le Moi-peau remplit la fonction de surface de *soutien de l'excitation sexuelle,* surface sur laquelle, en cas de développement normal, des zones érogènes peuvent être localisées, la différence des sexes reconnue et leur complémentarité désirée. L'exercice de cette fonction peut se suffire à elle-même : le Moi-peau capte sur toute sa surface l'investissement libidinal et devient une enveloppe d'excitation sexuelle globale.

« 6 / À la peau comme surface de stimulation permanente du tonus sensori-moteur par les excitations externes répond la fonction du Moi-peau de *recharge libidinale* du fonctionnement psychique, de maintien de la tension énergétique interne et de sa répartition inégale entre les sous-systèmes psychiques.

« 7 / Toutes les fonctions précédentes sont au service de la pulsion d'attachement, puis de la pulsion libidinale. N'y aurait-il pas une fonction négative du Moi-peau, une anti-fonction en quelque sorte, au service de Thanatos, et visant à l'*autodestruction* de la peau et du Moi ? Les progrès de l'immunologie, déclenchés par l'étude des résistances de l'organisme aux greffes d'organe, nous mettent sur la voie en ce qui concerne l'organisme vivant. Les incompatibilités entre donneur et receveur d'organes, si elles ont confirmé qu'il n'y a pas deux humains identiques sur terre (sauf le cas des jumeaux vrais), ont par ailleurs permis de saisir l'importance des marqueurs moléculaires de la "personnalité biologique" ; plus ces marqueurs sont semblables chez le donneur et le receveur, plus la greffe a des chances de réussir (Jean Hamburger) ; et ces similitudes proviennent de l'existence d'une pluralité de groupes différents de globules blancs, dont il apparaît que ce sont des groupes marqueurs, non seulement desdits globules, mais de la personnalité tout entière (Jean Dausset). »

Ces fonctions que Didier Anzieu avait regroupées en neuf dans son livre et dont on a extrait les sept principales on peut les retrouver dans les contacts de la peau avec le vêtement, dans les fonctions libidinales du costume, dans l'art de trouver les vêtements qui conviennent ; savoir s'habiller est une science et un art subtils.

Plaisir ou passion. – Le luxe est enfin lié à la passion individuelle. Le drame de l'homme, a écrit Robert Colonna d'Istria dans un livre consacré à l'art du luxe[1] : « C'est l'envahissement de sa conscience par ses besoins et la pauvreté de ses désirs », qu'il illustre par cette citation empruntée aux *Fâcheux* de Molière.

Régler ses états et ses propres désirs
Joindre aux plus nobles travaux les plus nobles plaisirs.

De telles démarches, s'apparentant à la démarche culturelle, consistent à développer notre part personnelle de créativité, c'est-à-dire notre mise en harmonie avec l'univers pour trouver un dépassement, un épanouissement, bref une joie et un bonheur liés à la création.

Cette passion exige connaissance, éducation, patience. Comme tous les actes qui sortent de la banalité, elle n'est ni acquise, ni donnée. Elle participe à

1. *Hermine,* février 1991, p. 14.

une quête constante et personnalisée, d'où quelquefois la part de révolte et de non-conformisme dans le luxe.

Et Colonna d'Istria, dans le livre déjà cité, ajoute : « Le luxe, c'est, en somme, à la rencontre de l'homme et de son histoire, l'acte volontaire d'un individu dans ce qu'il a d'unique pour marquer sa liberté et pour, gratuitement et dans le plaisir, s'élever au-dessus de sa condition. »

Voilà pourquoi rien n'est plus antinomique du luxe que les sociétés totalitaires : elles ne retiennent du luxe que l'aspect ostentatoire de la domination et du pouvoir d'une petite classe de privilégiés que l'on appelle la *nomenklatura* qui d'ailleurs ne fait preuve d'aucune originalité et se contente de copier des modèles.

Pour nous résumer, on peut dire que le luxe ne peut se concevoir sans référence

- à l'art ;
- aux cinq sens ;
- à la passion individuelle ;
- à la liberté.

Par-delà la diversité de ses expressions, il faudra donc tenir compte de ces composantes communes à toutes les formes du luxe. Il en résultera un certain nombre de règles pour ceux qui mettent sur le marché des produits de luxe.

La première règle, c'est de respecter les aspirations du consommateur et de les comprendre. Par l'éclatement de la demande, par sa diversité, le produit de luxe est difficilement maîtrisable du point de vue de l'offre. Dans le produit de luxe l'originalité se situe très en amont dans la conception. Le créateur d'objet de luxe est comme un artiste : c'est un visionnaire. Il doit être atypique, à la fois suffisamment original et fort, pour imposer ses idées, et en même temps, modeste pour être à l'écoute des autres.

Pour cela il devra utiliser des techniques de sondages et d'études de motivations sans lesquelles il ne pourrait pas comprendre ses semblables. Il devra également imposer ses vues par de forts moyens de communication et de persuasion. Rien n'est plus mystérieux que les phénomènes de mode et, même si le véritable luxe se moque du luxe médiatisé, il faudra en tenir compte car trop d'angélisme dans ce domaine risquerait de condamner les initiatives les plus intéressantes.

C'est ce mélange, d'une part, de simplicité dans le message (et il faut bien le dire de sacrifice à la société de consommation et à ses slogans réducteurs) et, d'autre part, de poésie, d'avant-gardisme, d'outrance, de respect de l'individualisme et d'autonomie qui constitue tout le paradoxe du luxe.

Finalement l'homme de luxe est insaisissable et aucun portrait robot ne parviendra à le définir. Il est la résultante de toutes les contradictions et de tous les contrastes parce qu'il ne correspond à aucune norme. Vouloir l'analyser, le quantifier est en soi une gageure et même un scandale. Il faut donc le respecter tel qu'il est, mobile et changeant, insupportable et désarmant, capricieux et généreux, nuancé et tout d'une pièce, au point que seuls les artistes ou les philosophes peuvent percer son mystère.

Voilà pourquoi son plus grand danger est d'être un jour banalisé. Mais ce jour n'est pas pour demain car il restera toujours un bastion du luxe inexpugnable, celui de la qualité, de l'absolu et de l'individualisme.

Plus notre civilisation deviendra matérialiste, plus elle aura besoin d'un contrepoint. Condamner le luxe c'est faire preuve de peu de jugement. C'est l'usage que l'on fait des objets qui compte et non les objets eux-mêmes. Voilà pourquoi le luxe se présente comme ce Dieu Janus à double tête correspondant à nos pulsions cachées mais fondamentales. Ce besoin d'assouvir ce que nous n'avons pas, ce paradis terrestre perdu, cette pomme que nous voulons toujours croquer.

Autrefois, le luxe était de survivre, occupés que nous étions de lutter contre les éléments hostiles, la maladie, la faim. Maintenant, il est de vivre mais cette vie, comme la langue d'Ésope, peut être la pire ou la meilleure des choses.

Elle est mauvaise si elle correspond à un excès matérialiste : ce luxe-là ne sera pas forcément celui qui triomphera. Comblés de biens matériels, les citoyens occidentaux cherchent ce nouvel Éden dans le luxe. Cette démarche correspond à leur nature à condition que ce ne soit pas des paradis artificiels mais une quête de plus « être ». En tout cas le renouveau culturel et peut-être spirituel récent est là pour nous rassurer.

M. Colonna d'Istria, dans son livre déjà cité, propose que l'homme de luxe soit un modèle pour le nouveau millénaire, comme il y eut, autrefois, l'honnête homme ou l'homme de Cour. Et il a raison.

Chapitre II

LE LUXE À TRAVERS LES SIÈCLES[1]

I. – La France et les occasions manquées

Plusieurs fois par siècle, depuis la Renaissance, la France a manqué ses rendez-vous avec le luxe. Si elle avait su relever ses défis au moment où ils se présentaient ou si elle n'avait pas pris, à certaines époques, un certain nombre de mesures juridiques ou économiques contraires à l'épanouissement de ce secteur, l'excédent brut de notre balance commerciale que nous aurions aujourd'hui, grâce au luxe serait doublé ou triplé. En d'autres termes, ces erreurs passées et dogmatiques conditionnent aujourd'hui nos difficultés actuelles[2].

Les fossoyeurs du luxe. – Les fossoyeurs du luxe ont des noms. Ils s'appellent Mme de Maintenon ou, en tout cas, les inspirateurs de la révocation de l'édit de Nantes qui ont bouté hors de France ces horlogers ou autres experts tisserands. Ce sont aussi nos fantasmes guerriers des fins de règne de Louis XIV et de Louis XV. Ce sont aussi ces lois somptuaires (une centaine d'édits au XVIe siècle et surtout celles de Louis XV) qui ont mal interprété ce que l'économie française pouvait tirer comme parti de ce secteur. Ce

1. Pour plus de détails, voir notre livre paru en décembre 2006 aux Éditions Eyrolles : *Histoire du luxe en France, des origines à nos jours,* 392 p.

2. Dans le même ordre d'idées, il faudrait insister sur le rôle néfaste des taxations. La TVA sur les restaurants en est un exemple.

sont aussi les rêves de gloire de Napoléon qui ont engendré le blocus continental et nous a coupés d'un certain nombre d'échanges internationaux. Ce sont aussi ces orientations intervenues dans le marché de l'automobile après la Seconde Guerre mondiale qui a rendu prospère ce secteur, mais paradoxalement trop prospère en le popularisant alors qu'il fallait aussi continuer à fabriquer des voitures de luxe. En 1930, la France était le premier pays en matière de carrosserie. Nous étions encore les premiers en 1960 pour le marché de l'art et le tourisme de luxe, places qui nous ont été enlevées progressivement ; pour ce qui est des voitures de luxe par les Allemands, les Anglais et les Italiens ; pour ce qui est du tourisme par d'autres pays méditerranéens ou tropicaux ; pour ce qui est du marché de l'art par l'Allemagne, l'Angleterre, les États-Unis et, bientôt, le Japon.

Malgré ces occasions manquées, certains ont réussi à relever les défis ; c'est, bien sûr, la grande époque de la Renaissance avec François Ier et Catherine de Médicis ; c'est aussi Sully et Colbert, Sully protégeant la soie, Colbert créant les manufactures et les poinçons ; c'est aussi la période de la Régence et le XVIIIe siècle avec la découverte de ce secteur par les encyclopédistes. Les philosophes de cette époque qui avaient l'esprit sûr et le jugement sain s'intéressaient à ce secteur non seulement dans ses aspects intellectuels et scientifiques, mais aussi commerçants. Voltaire profita du désarroi de l'horlogerie suisse pour installer à Ferney une manufacture qui l'enrichit en même temps que son rayonnement intellectuel s'affermissait.

Il y a eu aussi le Second Empire, et à cet égard Napoléon III et la princesse Eugénie ont joué un rôle déterminant dans le renouveau du luxe français et son rayonnement. La IIIe République a manqué plusieurs occasions malgré les expositions universelles initiées sous l'Empire. Nous avons déjà rappelé les erreurs commises entre les deux guerres, puis après la Seconde Guerre. Quelles seront les prochaines ? Les menaces qui planent sur la parfumerie, sur la distribution des vins et spiritueux, peut-être même sur la haute gastronomie, les concurrences que nous font aujourd'hui les Américains en matière de joaillerie et de parfums, les Italiens en matière de mode et accessoires sont là pour nous inciter à être particulièrement vigilants. Reste la grande inconnue qui est celle du Japon.

La Renaissance. – Le luxe a connu une époque bénie au moment des Carolingiens et de Charlemagne en réaction avec l'intolérance musulmane. Arles au début du IXe siècle entrepose du cristal, des perles, des étoffes, de l'ivoire. La Renaissance doit être considérée comme une des périodes bénies du luxe. L'ambiguïté de la Renaissance nous apporte de véritables leçons pour le futur. Sans aucun doute, cette époque traduit l'explosion tangible du luxe en France grâce à la vogue de l'architecture classique d'inspiration paladienne importée de l'Italie. C'est le progrès des parures qui prolongent ce goût existant déjà au Moyen Âge pour les joyaux. Elle découvre le luxe mobilier avec ces commodes qui portent bien leur nom par rapport à l'incommodité du coffre. Elle impose l'art de manger autrement qu'avec ses doigts. Mais les objets de luxe restent des objets rares liés exclusivement à l'aristocratie et à la Cour ; d'autant plus que dès cette période deux obstacles se dressent contre le luxe : tout d'abord ce fameux blocage philosophique ou religieux que l'on a du mal à contourner, même en puisant ses justifications dans les palais du roi Salomon ou dans les embaumements de Joseph d'Arimatie. La condamnation implicite du luxe est codifiée par saint Thomas : il condamne le luxe dans la mesure où il choque la modestie et donne le sentiment d'un désordre. Pour lui le luxe est normal s'il correspond à une fonction : il est permis à une femme mariée de se parer afin de garder son mari.

En d'autres termes, on peut user du luxe à condition que ce soit conforme à son statut ou à sa vocation. Henri II dénonce, quand il monte sur le trône, la grande et superflue dépense dans laquelle les nobles gaspillent une partie de leurs biens. Il interdit aux femmes de porter les boucles d'or ou de faire un usage immodéré de leurs habits. Il faut ne pas aller à l'encontre des lois économiques, et notamment éviter le gaspillage social car le vêtement de luxe est condamné s'il trouble un ordre et fait obstacle à la transparence du statut.

Montaigne, le modéré, aurait pu trouver une réhabilitation du luxe. Il le fait à sa manière[1] mais d'une façon si ambiguë qu'à son tour il apparaît comme un des détracteurs de ce secteur. « La façon de quoi nos lois essaient de régler les folles dépenses des tables et vêtements semble être contraire à sa fin. » Il semblerait, par cette phrase, devenu un adepte du luxe. Or il ajoute : « Le vrai moyen serait d'engendrer aux hommes le mépris de l'or et de la soie comme de choses vaines et inutiles. »

À la Renaissance, le luxe a une position contrastée. Les protestants, qui sont majoritaires dans le pays, vont jouer un rôle modérateur vis-à-vis du luxe. En tant qu'iconoclastes, c'est-à-dire destructeurs d'images pieuses, ils vont contribuer à la destruction des objets de luxe et notamment des tableaux représentant la Vierge Marie. Il est vrai que cela poussera les catholiques à repasser des commandes. De même apparaît le

1. *Les Essais,* livre premier, chap. 47 des « Lois somptuaires », et notre livre déjà cité p. 30, aux Éditions Eyrolles.

luxe bourgeois et notamment le luxe intellectuel des voyages puisqu'il n'est pas question à cette époque qu'un enseignement se fasse sans le tour de l'Europe. Montaigne lui-même n'échappe pas à la règle et même le léger Bassompierre, après avoir visité l'Allemagne et l'Italie, las des faveurs dont il bénéficie à la cour de France, demande à Henri IV de poursuivre son périple et de découvrir d'autres pays. C'est de cette époque que date le luxe pour les livres puisque s'installe le premier relieur.

C'est pendant cette période également que vont apparaître deux autres luxes, celui de la parfumerie et celui de la fumée. C'est également à cette époque qu'une inflexion décisive sera donnée à la bijouterie, notamment par Marie de Médicis, encore que cette mode remonte très largement au Moyen Âge avec les bijoux de la couronne.

II. – La mode et le vêtement

Le langage codé que constitue le vêtement est peut-être le meilleur révélateur du mode d'expression de tous les attributs que l'on accorde la plupart du temps au luxe. On serait tenté d'écrire : « Au commencement du luxe était la mode. » Voilà aussi une des raisons qui explique que la haute couture (dont nous verrons qu'elle est apparue plus tard avec la société industrielle et les grands couturiers) constitue le fer de lance et la meilleure vitrine du luxe[1]. Elle en a toutes les caractéristiques :

- la magie du créateur ;
- la beauté et la séduction ;
- la fonction sociale ;

1. Le musée des Arts décoratifs, 107, rue de Rivoli, en fournit la meilleure illustration avec ses expositions à thème. On peut citer aussi le musée Galliera.

le tout rehaussé en général par ce support féminin si évocateur de fantasmes.

La mode n'est plus seulement un caprice : c'est la recherche continuelle de ce qui est superflu et de ce qui est coûteux. Pour affirmer le rôle social que l'homme et la femme veulent jouer, le vêtement prend ainsi une fonction discriminatoire.

Il n'est pas étonnant alors que les modes soient nées autour des cours et du pouvoir.

La mode et la Cour. – Initialement, le roi s'enveloppe d'attributs majestueux qui renforcent son autorité et sa dignité. C'est d'abord le trône et le sceptre. Mais c'est aussi le vêtement qui constitue l'expression la plus patente de sa supériorité. À notre époque où l'on attache une importance fondamentale à tout ce qui est image de marque (d'où le rôle des cultures d'entreprise que l'on traduit par des « pin's », des couleurs, des logos, des « design »), on comprend que l'homme qui régnait voulait apparaître sur la scène publique en présentant le modèle de sa personnalité par une attitude préétablie correspondant à l'impression qu'il voulait faire sur ses sujets. Depuis François Ier qui magnifie le luxe des vêtements, chaque roi tend à imposer son image. C'est ainsi que l'on aura le caractère efféminé d'Henri III avec ses Mignons (Joyeuse et d'Épernon), puis l'austère Louis XIII, enfin le Roi-Soleil[1] et la mode champêtre du XVIIIe siècle pour utiliser des raccourcis qui sont forcément réducteurs.

La Cour, quel que soit son niveau, royale ou seigneuriale, représentait le point de convergence où arri-

1. On sait que l'innovation la plus marquante que connut en matière de mode la Cour du Roi-Soleil fut la transformation du modèle viril de l'homme soldat en un nouveau modèle extrêmement raffiné visiblement très éloigné de l'homme d'arme.

vaient les renseignements sur les nouveautés, y compris celles venant d'autres pays. La mode prenait ainsi ce sens précis d'*un langage codé du pouvoir.* C'était comme aujourd'hui l'emblème de la connaissance du dernier cri des nouveaux apports étrangers, économiques ou technologiques.

À côté de la volonté d'imposer, il y a celle de se différencier des autres (autre fonction du luxe). Cela nous est rappelé par le cérémonial compliqué propre à certains ordres, la chevalerie dans un premier temps (la maçonnerie ayant d'ailleurs copié ce rituel). Chaque ordre, y compris ceux de chevalerie, avait un insigne et un costume de cérémonie avec des variantes déterminées par la hiérarchie. On retrouve les ordres, les clubs *(cravate club)*.

Ce facteur de différenciation a aussi sa portée politique. C'est ainsi que Charles II d'Angleterre, qui devait en grande partie la reconquête de son trône à son parent français, le roi de France, veut le faire oublier en essayant d'imprimer à la mode anglaise une tournure qui traduisait, au moins sur le plan des apparences, le désir des Anglais d'échapper politiquement à l'emprise française. Cette volonté de différenciation a imposé progressivement ce modèle qui est l'ancêtre du costume trois pièces : les Anglais ont ainsi acquis cette supériorité sur la mode masculine. Il faut y ajouter au XIXe siècle leur savoir-faire et leurs ressources de textiles.

On retrouve cette même volonté de différenciation politique au moment de la Révolution française. À l'occasion de la réunion des états généraux de 1789, le tiers état a voulu contraster par rapport à la mode aristocratique en utilisant une mode beaucoup plus dépouillée avec des couleurs moins chatoyantes (inspirée d'ailleurs un peu de l'Angleterre). Ce fut pour eux une première façon de contester qui trouvera son apogée dans l'uniforme de ceux que l'on a appelé les Sans-Culottes parce qu'ils portaient un vêtement révolutionnaire.

Mode et sexualité. – La sexualité, liée au luxe par le biais de la séduction, a une influence sur la mode. Les sociologues ont maintes fois souligné que la mode féminine s'affranchit et se libère dans les périodes de défoulement qui suivent celles d'une plus grande austérité. Les grandes peurs se traduisent aussi par des libérations nouvelles ; les jupes se portaient courtes pendant l'Occupation et ce n'est pas seulement à cause des restrictions. La mode qui a suivi la guerre du Golfe porte elle aussi les stigmates de la provocation : robes courtes, décolletées, etc. Le sexe a toujours été un bon défoulement à l'angoisse. Historiquement, il est piquant de noter que l'introduction de l'armature sur laquelle se tend la jupe féminine à partir du dernier quart du XVe siècle, d'abord en forme de cône rigide puis ensuite de cerceau, est attribuée à une princesse, Jeanne de Portugal, qui aurait eu recours à cet artifice pour cacher à son mari sa grossesse fruit d'un adultère.

Mode et économie. – La mode est également tributaire des lois économiques et notamment en ce qui concerne les matériaux. Par exemple, la broderie des vêtements et de la lingerie s'impose comme un élément de luxe renforçant la valeur et l'éclat du costume. Ce genre d'ornement atteint son apogée au XVIe et au XVIIe siècle quand il imite les galons avec la passementerie d'argent, argent que les lois somptuaires avaient proscrit pour éviter le gaspillage, l'argent devant être utilisé pour de meilleures fins : l'économie et éventuellement la guerre. Voilà pourquoi la dentelle à l'honneur au début du XVIIe siècle s'impose pour remédier aux interdits de ces mêmes lois somptuaires. Elle se fixe au col et aux manchettes des costumes masculins et féminins puis elle gagne le devant de la jupe ainsi que le corsage.

Ces matériaux sont également source d'innovation comme on le voit à propos de la fraise qui entoure le cou. Mais la fraise a une autre fonction : cette grande auréole empesée isole pratiquement la tête du reste du corps et rend impossible toute inclinaison de tête. C'est presque le disque du saint qui idéalise l'image de celui qui le porte et l'empêche de baisser la tête vers ses semblables qu'il considère comme inférieurs.

L'influence économique se traduit aussi par les formes de fabrication et les formes de distribution. C'est ainsi que le rôle du tailleur n'intervient qu'à partir du XIXe siècle. Au début, il s'agit d'un artisanat particulièrement réputé avec des confréries qui ont toutes leur signe distinctif. Deux couturiers s'imposent à la fin du XIXe siècle, le premier, le couturier Worth, qui faisait des robes pour la princesse Eugénie. Il opéra pour la Cour une modification des lignes de crinolines généralement associées au nom d'Eugénie. Pour enlever son incommodité, la circonférence de la robe était déplacée vers l'arrière et l'armature s'aplatissait sur le devant de manière à éviter que la femme se trouve au centre d'un cercle. Autrefois, elle ne pouvait rien toucher ou prendre parce qu'elle était enfermée par cette circonférence plus large que ses bras tendus. Ce fut Worth qui permit à la femme de rompre ce splendide isolement. Poiret fut l'autre couturier qui marqua le début du XXe siècle.

Ce sont les grands magasins symbolisés par l'ouvrage de Zola, *Au bonheur des dames,* qui ont démocratisé le luxe. Aux États-Unis et au Japon, les grands magasins sont un haut lieu de la diffusion et de présentation de la mode. Leur effacement économique poserait des problèmes à cette industrie.

Mode et culture. – La mode n'est pas seulement influencée par la vie politique, économique. Elle se trouve en rapport étroit avec les grands courants artistiques et intellectuels qui la traversent.

Jusqu'à la fin du XVe siècle, les capitales de la mode sont italiennes, reflétant à la fois l'extraordinaire floraison artistique de ce pays et l'organisation très poussée de son commerce et de sa production, en particulier pour le tissage de la soie. L'influence française et surtout bourguignonne demeure fondamentale.

On ne dira jamais assez le rôle positif de l'*Encyclopédie du XVIIIe siècle* sur les métiers liés à l'industrie du luxe. Elle a traité d'une manière approfondie ces différentes activités consacrant de nombreux chapitres et planches aux aspects techniques et industriels de l'habillement et de ses accessoires.

Périodiquement, la mode fait des incursions dans le passé. La mode du Directoire réhabilite la tunique classique d'inspiration européenne. La robe à taille haute, placée juste au-dessous de la poitrine, inspirée de la tunique antique, est déjà une interprétation du monde gréco-romain. Cette résurrection historique sera par la suite au cœur même du courant romantique et Paul Poiret reprendra à la fin du XIXe siècle cette inspiration.

À ce propos, on ne peut qu'effleurer, et pourtant elle est fondamentale, l'influence des peintres sur la mode. L'art abstrait a considérablement déterminé les dessins de mode. L'expérience la plus intéressante est celle de Sonia Delaunay qui laissa une empreinte profonde dans les tissus imprimés.

Avant la guerre de 1914, Poiret, en visitant Vienne, avait remarqué les œuvres de Klimt[1]. Il en sera profondément influencé comme le montrent les modèles qu'il exécuta par la suite. Du reste, il est le premier couturier qui eut recours à des artistes pour des créations de mode, en faisant appel au peintre Raoul Duffy pour dessiner des tissus.

Mode et société. – À côté de la culture il est évident que la société dans son ensemble, au-delà de ses apports politiques, économiques, hygiéniques, va jouer un rôle important, à propos de l'image que l'on a de la femme[2]. En 1890, la mode révèle à la fois l'influence, l'esthétique de la femme fatale et une certaine désinvolture de la haute bourgeoisie à l'égard de certaines valeurs jusqu'alors fondamentales : le culte de la famille et le rôle d'épouse. Cette évolution est illustrée par un renversement de l'idéal de beauté qui, à la « Belle Époque », est centré sur la minceur, un air androgyne, un charme ambigu. La femme odalisque de Paul Poiret, qui doit beaucoup de son exotisme à l'inspiration des ballets russes, portera ce modèle à sa perfection. Plus tard, cette inspiration trouvera sa traduction en littérature avec des livres comme *La garçonne,* ce qui expliquera par exemple l'immense succès

1. Voir le catalogue réédité sur l'exposition du Centre Georges-Pompidou, Paris-Vienne.

2. On peut rappeler quels étaient les canons de la beauté féminine sous la Renaissance qui étaient caractérisés par neuf règles liées aux formes et aux couleurs :
Trois blanches : la peau, les dents et les mains ;
Trois noires : les yeux, les sourcils et les paupières ;
Trois rouges : les lèvres, les joues et les ongles ;
Trois longues : le corps, les cheveux et les mains ;
Trois courtes : les dents, les oreilles et les pieds,
Jean Castarède, *Gabrielle d'Estrées ou la passion du Roi,* Acropole, p. 297.

d'un Marcel Prévost (les demi-vierges, etc.) aujourd'hui oublié et complètement démodé et contre lequel Paul Bourget essaiera de lutter avec des romans plus moralistes.

Au cours des années 1920, les derniers sursauts du style Arts-Déco introduisent une image plus intellectualisée, moins sophistiquée, c'est-à-dire plus filtrée, surtout en ce qui concerne le maquillage, peut-être conséquence de l'impressionnisme ou de l'impact des premiers succès cinématographiques qui donne de la femme une image encore un peu floue et tremblotante.

Avec la disparition progressive des structures placées sous la robe et la révélation progressive du corps de la femme, on assiste à l'érotisation de la lingerie intime considérée comme le dernier rempart de l'interdit et que les cabarets parisiens vont révéler. Paradoxalement, c'est au XIXe siècle l'étonnante stratification des dessous féminins qui accentue leur pouvoir suggestif au point d'être utilisé vers la fin du siècle pour les premières expériences du strip-tease sur la scène qui jouaient sur le temps, nécessairement long, qu'il fallait à une femme pour se déshabiller. C'est également de cette superposition que joueront les inventeurs du French Cancan qui avaient compris, avant tout le monde, le pouvoir de suggestion et qu'il est plus érotique de laisser entrevoir que de montrer. Le cinéma d'après guerre a su pareillement tirer parti de la lingerie féminine parvenant même, comme dans le cas des *baby dolls,* à lancer un nouveau vêtement de nuit. Ainsi, le froufrou de la soie entre dans la littérature érotique pour évoquer l'éternel féminin. Quant à la lingerie féminine, elle n'est visiblement plus destinée à cacher mais à inciter. Le dessous féminin devient un symbole de fascination sexuelle, mélange de désir et de culpabilisation qui trouve sa meilleure illustration dans les images publicitaires. La lutte entre les collants commodes, mais si peu érotiques, et les porte-jarretelles est à cet égard très illustrative.

Il n'y a pas que la mode féminine qui soit sensible aux critères sexuels. Rappelons que pendant une longue période les attributs virils furent soulignés parfois très crûment : on peut citer la braguette du XVIe siècle, enveloppe rigide de forme très longue.

Reste enfin, avant de terminer cette trop rapide évocation de la mode, à rappeler le sens attaché au rapprochement vestimentaire des sexes. C'est au XIVe siècle que la mode éclate en deux grandes catégories entre les sexes, pour des raisons à la fois morales et de commodité. On se rappelle que la tunique unisexe a prévalu longtemps au Moyen Âge. Mais le guerrier s'en accommodait mal pour monter à cheval. Il ne faut pas attendre le XXe siècle pour assister à un retour aux sources et à ce renversement de tendance qui consiste à doter la mode féminine d'attributs masculins. Déjà, au XVIIIe siècle, on voit dans la tradition vénitienne que les femmes incluent dans leur garde-robe un vêtement typiquement masculin qui était autrefois la cape. Maintenant elles ont reconquis la veste puis le pantalon.

Rapide rappel de la mode au XXe siècle :

Avant la guerre de 1914, Worth, Doucet, Redfem et Paul Poiret marquent la Belle Époque pendant que Fortuny redécouvre les tissus anciens.

Paul Poiret fera la transition avec les années folles, libérant la femme du corset, bientôt rejoint par Madeleine Vionnet, Jeanne Lanvin et Lucien Lelong qui vont incarner le style garçonne.

La crise et la guerre marqueront la suprématie incontestable de Coco Chanel. Schiaparelli s'inspire du cubisme et de l'éclosion artistique de l'entre-deux-guerres.

La réaction de l'après-guerre est incarnée par le *new look* de Christian Dior bientôt rejoint par Pierre Balmain ou Alice Grès, ainsi que Jacques Fath.

À la charnière de la décennie 1960, Yves Saint-Laurent, couturier chez Dior, lance sa maison avec Pierre Bergé.

La nouvelle vague des années 1960 réclame une mode plus accessible pour les jeunes qui va coïncider avec le lancement de style prêt-à-porter. Courrèges ne va pas hésiter à lancer l'image d'une jeune fille libérée, caractérisée par les mini-robes et le pantalon. Paco Rabanne propose de nouveaux matériaux et Cardin confirme sa suprématie par une diversification réussie.

Aujourd'hui la mode s'est complètement diversifiée et il est impossible de donner une liste exhaustive de ceux qui vont marquer ce début de XXIe siècle : Castelbajac, Azzedine Alaia, Jean-Paul Gaultier, Issey Miyake, Thierry Mugler, Christian Lacroix, John Galliano, Hedi Slimane, Stefano Pilati, Albert Elbaz....

III. – Les montres

Au regard des composantes socioculturelles et économiques des objets liés au luxe, l'histoire de la montre est également très représentative et illustre la manière dont la société française a su utiliser, dans certains cas pour le meilleur et dans d'autres pour le pire, un certain nombre d'atouts qui lui sont propres.

La montre est directement issue des grandes horloges que l'on voyait notamment dans les clochers des églises. Il a fallu de véritables innovations technologiques pour passer de ces grands objets à une miniaturisation, c'est-à-dire la création de ce que l'on appelle l'horlogerie en petit volume.

Après avoir bénéficié des recherches de l'époque de la Renaissance qui permirent cette innovation, le mouvement des montres conserva son aspect primitif jusqu'au moment où les savants du XVIIIe siècle lui consacrèrent de nouveaux travaux. Ce fut notamment en 1675 l'invention du ressort spiral réglant le balancier qui transforma la montre en lui donnant à la fois son exactitude et une plus grande miniaturisation. Voilà pourquoi, à côté de tous les phénomènes socioculturels entr'aperçus à la faveur de la mode et du vêtement, apparaît pour la montre une composante nouvelle du luxe : l'innovation technologique.

Car, à l'origine, les montres étaient elles-mêmes très chères et donc l'apanage d'une certaine classe aisée. L'un des premiers utilisateurs fut François Ier. L'horlogerie française fut déterminée par la demande d'une clientèle de princes et de grands seigneurs. La présence de la Cour à Paris, à Blois, à Lyon, provoqua l'apparition d'ateliers d'horlogerie qui devinrent de véritables centres. L'horlogerie française connut à cette époque un développement sans égal autour des villes de Paris et de Blois, concurrencées seulement par deux autres centres horlogers, ceux de Genève et de Londres.

Jusque vers 1660 l'horlogerie française connut un épanouissement qui l'a laissée sans rivale. Un coup fatal lui fut porté par la révocation de l'édit de Nantes. L'horlogerie ne fut pas la seule touchée, puisque les industries d'art en particulier, les tissages de la soie et l'orfèvrerie comptaient de nombreux artisans appartenant à l'Église réformée. Ces artisans contribuaient au développement commercial et industriel des villes comme Blois, Lyon ou encore Rouen et La Rochelle.

Louis XIV, sentant bien qu'il avait porté un coup fatal à cette industrie, voulut la dynamiser en la concentrant autour de Paris et de Versailles. Les règlements corporatifs tendaient à protéger ces arts nouveaux au point que deux seules familles monopolisaient les charges d'horlogers du roi. Ce mélange de dictat organisationnel, de corporation, d'encouragement factice et d'interdiction (par ce que l'on a appelé les édits somptuaires) et notamment les plus stricts qui furent promulgués aux alentours des années 1710, freinèrent la production des objets de luxe. Tout cela est d'ailleurs assez représentatif de notre état d'esprit qui s'accommode fort bien de l'interventionnisme. Telle fut, après la révocation de l'édit de Nantes, la deuxième cause de l'effacement de l'horlogerie française.

Sous la Régence, on essaya cependant de redresser la situation par l'établissement d'une fabrique d'horlogerie à Versailles en faisant appel à des horlogers anglais. Mais, à côté de l'Angleterre, Genève affirmait sa prééminence. Pourtant, la France avait de bonnes raisons de redresser la situation.

De larges passages de l'*Encyclopédie* de Diderot témoignent du nouvel intérêt porté aux œuvres des artisans et cette volonté d'accorder une place importante aux arts mécaniques est soulignée par d'Alembert :

> « ... et pour ne point sortir du domaine de l'horlogerie pourquoi ceux à qui nous devons la fusée des montres, l'échappement et la répétition ne sont-ils pas aussi estimés que ceux qui ont travaillé successivement à perfectionner l'algèbre... »

Nous avons déjà vu que Voltaire, à côté de ses qualités d'écrivain, eut un sens très sûr du commerce et profita dès 1770 des troubles qui agitaient Genève pour recueillir les artisans exilés et fonder une fabrique de montres.

Mais, de son côté, l'horlogerie suisse avait pris de l'avance. Son succès reposait en grande partie sur l'extrême division du travail. Les horlogers suisses envisagèrent rapidement, dans la première moitié du XIXe siècle, dès que l'invention fut au point, la fabrique mécanique des ébauches. Au fur et à mesure que se développa cette industrialisation, les montres devinrent des objets indispensables de la vie quotidienne. La France malheureusement, outre les vicissitudes politiques et socioculturelles qu'elle avait connues, se mit tard à la fabrication industrielle. Ce fut la ville de Besançon qui acquit une véritable spécialisation dans ce domaine. Le travail de l'horlogerie se divisait en une infinité de parties qui formaient de petits ateliers composés le plus souvent des membres de la famille. Une telle organisation ne répondait pas aux nécessités du marché, ni au développement de l'horlogerie française. Celle-ci déclina irrémédiablement aux alentours de 1900 au profit de sa concurrente helvétique promise encore au XXe siècle à de nombreux succès. Pourtant Louis Cartier, inventeur de génie et homme de goût, avait réussi à innover dans ce secteur au point que le roi Édouard VII l'appelait à juste titre le roi des joailliers et le joaillier des rois. Ses montres étaient à la fois classiques et originales. Pour répondre aux besoins de commodité, il invente le bracelet-montre qu'il proposa à Santos Dumont qui se plaignait d'avoir des difficultés à manier son avion cherchant l'heure dans son gousset. Puis en 1917, en hommage aux tankistes de la guerre, il fabriqua ses célèbres montres Tank, élégantes et résistantes. L'affaire éclata ensuite en deux branches par héritage, l'une française, l'autre américaine, et il fallut la ténacité d'un des héritiers pour refaire l'unité.

En un mot on retrouve dans ce rappel historique toutes les forces et faiblesses de notre histoire économique : un beau lancement grâce à l'impulsion royale, à notre ingéniosité et à notre sens artistique. Mais l'émigration des huguenots provoquée par la révocation de l'édit de Nantes, la centralisation des arts à Paris, la crise économique, la sclérose des règlements corporatifs, enfin les lois somptuaires, causèrent le déclin de l'horlogerie française au profit des horlogeries anglaise et suisse. Ainsi, dans ce domaine comme dans un autre que nous allons étudier, celui des tissus, la France sera passée à côté d'une occasion et n'aura pas pleinement profité de sa vocation.

IV. – **Les tissus français**

L'épopée du tissu de luxe est également un bon exemple. Tout commence avec Jean-Baptiste Colbert qui réglemente l'industrie du tissage, son commerce, ses modes de travail et la qualité de ses produits. Les différents statuts des tisserands de Tours, Lyon, Orléans, Paris reçoivent un agrément royal en 1667. L'intention de Colbert était de recentrer cette industrie et d'améliorer la qualité de la production. Cette politique faisait suite à celle de Sully qui encourage (peut-être un peu trop car il commet quelques erreurs d'implantation géographique) la culture du ver à soie en s'appuyant à la fois sur son intuition, son pouvoir, mais aussi les excellentes réflexions agronomiques d'Olivier de Serres qui n'eurent jamais l'équivalent depuis quatre siècles. On a ainsi un bon exemple de l'alliance du savoir et du pouvoir.

Cette politique, malgré ses aspects protectionnistes, aurait pu être heureuse. Mais la France sombra dans les deux mêmes erreurs qui ont compromis à tout jamais l'industrie de la montre. Il s'agit, une fois de plus, de la révocation de l'édit de Nantes qui disperse les imprimeurs de tissus. Il s'agit de l'interdiction d'importer et de fabriquer des tissus peints, au nom de ces fameuses lois de prohibition de manière à ce que l'ensemble des moyens français soient concentrés sur l'industrie militaire. Fort heureusement, cette prohibition fut levée au milieu du XVIIIe siècle, vers 1760.

D'ailleurs ces lois n'avaient pas été tellement respectées en raison des usines clandestines et d'une certaine contrebande généralisée.

Malgré l'hommage rendu également par l'*Encyclopédie* à ce type d'activités, l'Angleterre et la Hollande vont acquérir une véritable suprématie dans ce secteur, y compris dans celui des tissus de décoration d'ameublement.

Profitant de ce répit, ce fut sous Louis XVI, en 1767, qu'un imprimeur de tissus d'ameublement du nom d'Oberkampf installa ses usines à Jouy-en-Josas. Il fut indirectement à l'origine de ce que l'on a appelé le goût français des toiles de Jouy.

Le blocus continental du Premier Empire fit connaître à l'industrie française une nouvelle période de difficulté et il faut attendre les années du début de la Restauration pour que l'on retrouve des tissus imprimés et que les usines de Jouy-en-Josas d'Oberkampf reprennent leur activité. Mais en attendant, les États-Unis avaient accueilli de nombreux immigrés originaires de France, et notamment la famille Dupont de Nemours qui s'illustrera autant dans le textile que dans la chimie. D'autres s'installeront également à Charleston, ce qui donna à cette ville une tradition de textile français.

L'Alsace et le nord de la France acquièrent une véritable spécialité dans ce domaine. Mais la France manque une nouvelle fois le virage de l'industrialisation illustrée par la révolte des canuts, ou les manifestations des tisserands qui sont expulsés pour avoir participé à la Révolution de 1848. Avec le développement des grands magasins parmi lesquels il faut citer *Le Bon Marché, Le Louvre, Le Bazar de l'Hôtel-de-Ville* rejoints ensuite par *Le Printemps* et *Les Galeries Lafayette,* la France va retrouver l'esprit de ses articles de qualité supérieure encouragée par l'Empire et l'impératrice Eugénie. Puis notre pays connaîtra de nouveau une période de guerre, d'invasion et d'effacement avec la défaite de 1870 et la Commune. Nous-mêmes remboursons notre dette plus rapidement qu'on ne le pensait. L'Amérique nous commande des articles. On assiste à la création de véritables industries. L'hommage de Dufy aux toiles de Jouy montre bien que la Belle Époque a trouvé une riche source d'inspiration.

C'est à Paris que l'on rencontre la plus forte concentration d'ateliers au début du XXe siècle, mais il en existe aussi à Lyon. La guerre de 1940 portera un nouveau coup à la France. Aidées par le plan Marshall, les manufactures reprennent leur activité et au début des années 1950 le textile vient en tête des exportations avec près de 20 % de la valeur des produits exportés grâce aux créations parisiennes très appréciées en Amérique.

La fièvre parisienne des années 1950 rappelle naturellement la période qui a suivi la Première Guerre mondiale. Mais les États-Unis développent de leur côté une industrie beaucoup plus efficace et autosuffisante.

À partir des années 1960, DMC (Descamps, Dollfus-Mieg), Agache Willot et Boussac connaîtront des fortunes diverses. Ce sera aux nouveaux capitaines d'industrie et à ces créateurs prestigieux que sont les grands couturiers de reprendre le flambeau, mais cela est une nouvelle histoire. Dans le domaine de la décoration, les décorateurs, tant sur le plan de l'impression des tissus que de la décoration, avec la maison Pierre Frey par exemple, relativement jeune puisque fondée en 1935, essaient de réagir : d'autres maisons comme Souleiado, Nobilis ou Presles sont là pour rappeler qu'il existe un style français qui ne s'exprime ni entièrement en production de masse, ni exclusivement dans les textiles artisanaux.

La mode, les tissus d'ameublement et de décoration, les montres sont révélateurs des erreurs qu'a pu commettre notre pays au fil des siècles. On aurait également pu faire la même démonstration pour les meubles et l'industrie de la décoration. Plus subtile est la problématique qui concerne deux produits d'origine orientale, les pierres précieuses et les parfums.

V. – Les pierres précieuses

De nos jours les pierres précieuses occupent un rang non négligeable dans les productions minières du globe, et fournissent du travail à plus de deux millions de personnes. Loin de régresser devant l'évolution des mœurs et devant les mutations profondes qu'elles peuvent provoquer dans la vie moderne, les pierres précieuses et les pierres fines constituent un marché en pleine expansion.

Nous l'avons rappelé à propos de la mode, il est incontestable que, dans l'Antiquité, l'homme attribuait aux pierres précieuses des valeurs thérapeutiques ou magiques qu'il liait d'ailleurs aux signes représentant des divinités ou des animaux symboliques. Ces croyances se sont maintenues au long du Moyen Âge et pendant la Renaissance. Un certain nombre de signes actuels symboliques ont survécu : l'héraldique ou, d'une manière populaire, ce nouvel engouement pour les monnaies et médailles et pour les pin's (traduisant d'ailleurs également des signes d'appartenance).

Les pierres précieuses ont deux fonctions principales : un élément de parure (conforme à la fonction séduction du luxe), un élément d'investissement, voire de troc (conforme à sa valeur patrimoniale). La pierre circulait dans le monde en suivant des courants d'échanges qui l'emportaient souvent à des milliers de kilomètres de son extraction. Les parures de l'homme primitif étaient constituées d'os ou d'ivoire. Puis commencèrent les mises en valeur des couleurs avec les pierres précieuses, grâce à l'usage du silex pour les percer.

Le merveilleux trésor funéraire de Toutankhamon, mort en 1346 avant Jésus-Christ, donne une idée du luxe raffiné qui entourait ce pharaon de la XVIIIe dynastie. Le trésor romain s'enrichit également pendant tous les siècles de son apogée et les croisades permirent le transfert en Occident d'immenses richesses qui avaient été constituées par l'Empire byzantin. Au début du XIIIe siècle, les trésors des églises et des abbayes se décorent à leur tour de pierres gravées. Le plus important trésor est constitué par le butin de Constantinople rapatrié à Saint-Marc de Venise. Les guerres sont en général payées ou rançonnées sur les trésors ; celui de Charles V ne résiste pas à la guerre de Cent ans ; celui de François Ier à ses désastres avec Charles Quint. Napoléon Ier fit rechercher les joyaux français dispersés à travers l'Europe, mais une malencontreuse vente publique de 1887 les dispersa définitivement et permit aux particuliers d'acquérir notamment ce qui était la plus belle collection royale de pierres précieuses rassemblée au XVIIIe siècle et appelée les « diamants de la couronne ».

Les femmes jouent également un rôle important dans l'attachement aux pierres précieuses. Marie de Médicis avait une passion pour les pierres et eut à sa disposition plus de dix mille diamants. Son portrait peint par Pourbus donne une idée de la beauté de ses joyaux. Elle terrorisait les particuliers jusqu'à obtenir qu'ils lui cèdent leurs bijoux. Presque toutes nos reines eurent des problèmes avec l'attachement qu'elles montraient à leurs bijoux depuis les ferrets de la reine rendus célèbres par Alexandre Dumas jusqu'à l'affaire du collier de Marie-Antoinette. Le plus beau diamant du monde fut acheté pour le jeune Louis XV par le régent Philippe d'Orléans, d'où le nom de « Reégent » pour cet admirable diamant de 140 carats qui fut taillé à Londres pendant trois ans. L'impératrice Eugénie aimait également beaucoup les bijoux.

La maîtrise progressive du travail des pierres précieuses jalonne l'histoire du monde antique. C'est à partir des conquêtes d'Alexandre le Grand que le saphir fait son apparition dans le monde grec. Dans l'Inde antique on considère que, à égalité de poids, l'émeraude de belle qualité est d'un plus haut prix que le rubis en précisant toutefois que l'émeraude défectueuse diminue de valeur dans une plus forte proportion que le rubis.

Encore de nos jours, le stock d'or détenu par les particuliers est considérable. En tête, vient l'Inde qui est le premier du monde, suivi de près par la France. Les paysannes du sud de l'Inde portent sur elles leur dot constituée d'un collier d'or. On connaît la fortune des grands Mongols qu'ils avaient répartie dans différentes forteresses. Le monde arabe n'est pas en retard dans cette course aux pierres précieuses et les trésors de la caverne d'Ali Baba ont enchanté notre enfance. Enfin, deux des plus grands palais du monde, Topkapi à Istanbul et le Kremlin à Moscou, présentent les plus beaux bijoux du monde.

Grâce à Laurent de Médicis, à François Ier, à Philippe II et au pape qui se disputèrent les meilleurs artistes italiens, l'Europe est restée la plaque tournante du commerce mondial du diamant brut et taillé. Aujourd'hui, les importations européennes de diamant brut totalisent par an près de 3 milliards d'euros. Anvers en totalise à peu près la moitié et assure la régulation de ce commerce. Mais les statistiques ne disent pas tout et une partie du flux se perd dans les comptes de douane, entre la Russie et l'Angleterre à la faveur de mécanismes de réexportation.

La plus puissante compagnie minière produisant le diamant, la « de Beers consolidated » est contrainte de garder en stock ses excédents de diamants qui se sont montés à plus de 1,5 milliard d'euros certaines années. On connaît les variations de ce secteur, qui furent la cause des difficultés d'un grand bijoutier parisien. La Suisse a un constant besoin de diamants de très grande qualité pour alimenter la fabrication de monture de joaillerie de son industrie horlogère. De ce raccourci on peut tirer comme conclusion que, là encore, la France, en laissant sa place à d'autres places comme Anvers ou Londres, n'a pas tiré le meilleur parti de ses atouts initiaux. Résultat de la mauvaise conscience catholique, de l'absence d'esprit commerçant ou d'imagination sur les mécanismes de tractations, la haute joaillerie française a davantage développé l'aval que l'amont. La place Vendôme ou la rue de la Paix, inégalables dans la qualité, la mise en valeur et la culture de la pierre, a peut-être négligé son commerce et ses achats.

À la différence du parfum, la France n'a jamais joué de rôle prépondérant pour le commerce des pierres. En revanche, elle a une réputation mondiale pour ses joailliers et bijoutiers parmi lesquels il faut placer les noms prestigieux de Cartier qui fait 25 % de son chiffre d'affaires dans la joaillerie et les bijoux dont 10 % dans la haute joaillerie, et tous les célèbres bijoutiers de la place Vendôme, Boucheron, Chaumet, Mauboussin, Van Cleef, Mellerio (le plus ancien). Récemment, les Américains Tiffany et Harry Winston prennent une place importante ainsi que l'Italien Bulgari et l'Anglais Graaf.

VI. – Les parfums

L'évolution du parfum à travers les époques et les civilisations et son histoire en France est également révélatrice des corrélations socioculturelles du luxe.

Dérivé du latin *per fumum,* le mot « parfum » signifie « à travers la fumée ». Ainsi, peut-être, l'utilisation des parfums commença-t-elle le jour où un homme s'aperçut que certains bois et certaines résines dégageaient une odeur agréable. Le parfum est très antérieur aux Romains. On le retrouve chez les Égyptiens, puis les Hébreux qui le découvrirent à la faveur de la captivité. Dans chaque civilisation on retrouve ces trois fonctions du parfum qui sont :

- enfumer les dieux ;
- adoucir la mort ou prolonger les corps ;
- séduire.

L'excellent livre *Les mystères du parfum* de Ghislaine Pillivuyt publié chez Denoël est accompagné de nombreuses illustrations qui font revivre cette histoire du parfum depuis les Égyptiens jusqu'à la Mésopotamie. Dans l'univers mythologique grec, la bonne odeur manifeste la condition surnaturelle des dieux. L'odeur fétide de la putréfaction est source d'angoisse. « Après l'homme, le ver, après le ver, la puanteur et l'horreur », écrit saint Bernard. Pour échapper à l'horreur il faut donc lutter sans relâche contre la décomposition des chairs ; d'où toutes les techniques d'embaumement des corps pratiquées de l'Égypte à Rome. Mais les cadavres embaumés seront-ils mieux armés face à la résurrection ?

Adonis, séducteur né, tire son pouvoir de séduction de sa mère Myrrha, c'est-à-dire l'arbre à myrrhe, mais il trouvera son impuissance dans une laitue pourrie après avoir mené une double vie entre ses maîtresses

Aphrodite et Perséphone. Il en mourra. Théophraste a rappelé la merveilleuse odeur de la panthère grâce à laquelle elle subjugue ses proies et les capture sans peine. Cette fatalité du parfum se retrouve dans le roman de Süskind, véritable apologie de l'odeur : Jean-Baptiste Grenouille se fixe comme but de piéger les meilleures senteurs du monde provenant des corps fraîchement tués de vingt jeunes filles nubiles pour composer un parfum surhumain, un parfum « angélique », si indescriptiblement bon et si plein d'énergie vitale que celui qui le respirerait en serait ensorcelé et tomberait amoureux de Grenouille.

Le nez fait toujours fonction de sentinelle avancée qui crie « qui va là », écrivait Brillat-Savarin, qui fut pourtant surtout rendu célèbre par ses traités de gastronomie. Les affinités entre les boissons et les parfums sont très grandes. On parle bien sûr du nez du vin. Mais les affinités ne s'arrêtent pas là. Il a fallu découvrir un fixateur pour les arômes. Nous touchons à la fonction innovatrice du luxe. Au début on se servait du vin, puis de l'alcool pour stabiliser un certain nombre de résines.

Toute la civilisation méditerranéenne autour de Carthage et avant les guerres puniques s'établit autour du commerce du parfum. Et Flaubert, dans les pages de *Salambô,* n'hésite pas à évoquer la fabrique de parfum du général Hamilcar. Les salles de bains qui apparaissent dans les premières demeures gréco-romaines, ainsi que les thermes collectifs, sont autant d'occasions pour se parfumer.

Le Coran exalte lui-même les parfums puisque Mahomet n'hésite pas à déclarer avoir trois préférences, les femmes, les enfants et les parfums.

N'oublions pas que l'expression « parfum naturel » utilisé dans la langue arabe va bien au-delà de la notion d'odeur. Sa signification est liée à celle de l'amitié, de l'espérance et même du désir. Si l'Orient apporta à l'Occident ses aromates et ses épices, il lui transmit aussi ses connaissances en matière de parfum. On sait que c'est au moment de l'invasion des Arabes en Espagne que le parfum remonta et fut diffusé dans toute l'Europe. Les croisades furent également des occasions d'échanges entre les deux civilisations.

Finalement, après l'obscurantisme du Moyen Âge qui avait déclaré la guerre à la chair et à la propreté, la Renaissance italienne cultive le parfum. Entre-t-il en France grâce à Catherine de Médicis ? Les historiens ont des avis divergents et certains pensent que c'est avant ou après.

On sait qu'au Moyen Âge c'était surtout la peau blanche qui était à la mode : et Agnès Sorel aurait employé pour garder sa célèbre beauté une pommade à base de crème de fleur de nénuphar et de rose.

Pour fixer les produits il fallait de l'alcool. Grâce à la distillation des vins avec le fameux alambic (dont on pense qu'il fut mis au point par les Arabes), l'alcool remonte en France à partir du Sud-Ouest pendant que la ville de Grasse (d'abord connue pour ses tanneries et ses gants) en relation d'affaires avec l'Italie devait prendre une avance dans ce domaine. La fameuse *Dame à sa toilette* de l'école de Fontainebleau qui figure dans le musée des Beaux-Arts de Dijon montre bien une femme en train de se regarder dans un miroir en puisant, à la fois, dans une boîte à bijoux et dans une boîte de parfum.

Ce fut Charles VIII qui érigea en « métier juré » les apothicaires épiciers qui devaient devenir les ancêtres des parfumeurs. Tous les moyens étaient bons pour séduire, dit Brantôme dans ses *Dames galantes* ; et il décrit une dame de la Cour de France qui portait entre les cuisses et sous les aisselles des éponges imprégnées de musc, d'ambre et de civette « pour ne pas sentir l'épaule de mouton aigre ».

Henri IV jouait du parfum à l'envers en écrivant à sa maîtresse, Gabrielle d'Estrées : « Demain, je serai dans vos bras. Je vous prie ma mie ne vous lavez pas. » Jusqu'au XVIIe siècle, ni les gantiers apothicaires qui confectionnaient les parfums, ni les merciers qui en vendaient ne pouvaient s'octroyer le titre de parfumeur. Ce sont les lettres patentes datées de janvier 1614 qui permirent aux gantiers de se nommer et de se qualifier, tant maître gantier que parfumeur. Et c'est en mars 1656 que leur statut fut enregistré au Parlement. Colbert considérait la parfumerie française comme une grande industrie nationale. Aussi favorisa-t-il son essor dans l'ordonnance sur le commerce de 1673.

La ville de Montpellier faillit prendre la tête de ce mouvement. Mais au même moment, à Grasse, une association naquit, d'une part, entre les producteurs ruraux de plantes aromatiques liés aux Italiens et, d'autre part, les apothicaires parfumeurs. Les rapports fournisseurs et distributeurs, clé de toute expansion, étaient nés. Le jasmin vit sa culture encouragée par Olivier de Serres : 15 ha de campagne grassoise furent mis en culture. Une véritable frénésie parfumée s'empara de la société au XVIIe siècle : les reines elles-mêmes fabriquaient leurs parfums. Et Molière s'en moque dans *Les Précieuses ridicules.*

Parallèlement, les visages étaient constellés de mouches sous forme de petites taches noires faisant ressortir la blancheur de la peau. Elles étaient dotées de qualificatif selon l'endroit du visage où elles étaient appliquées, la majestueuse sur le front, la passionnée près de l'œil, la galante sur la joue, l'effrontée au coin de la narine, la baiseuse, friponne ou coquette près de la bouche, l'enjouée dans une fossette, la voleuse qui cache un bouton, la discrète qui a donné son nom à un film récent, dans le repli du menton.

Louis XIV faillit porter un coup au parfum, qu'il ne supportait plus, à la fin de son règne. Mais dès l'avènement de la Régence, ceux-ci revinrent en force.

Napoléon raffolait des parfums. Jean-Marie Farina avait été fier d'être le fournisseur breveté de Sa Majesté l'Empereur et cachetait toutes ses caisses d'un aigle en cire. Et l'on trouvera à Sainte-Hélène deux pastilles du parfumeur Houbigant.

À la fin du XIXe siècle l'industrie de la parfumerie française représentée lors des grandes expositions comptait plus de 300 fabriquants, 2 000 marchands de parfumerie et faisait vivre plus de 20 000 personnes.

Le syndicat de la parfumerie fut fondé en 1890 par Guerlain. Saisissant l'importance du flacon et de sa présentation, François Gauthier et les grands parfumeurs de la Belle Époque recherchent la compétence de différentes branches artisanales et se lient avec les grands verriers Lalique et Baccarat.

Parallèlement, le couturier Paul Poiret entrevoit les passerelles que l'on peut tendre entre le vêtement et le parfum et lance en 1911 avec sa maison *Les parfums de Rosine* le premier ensemble de couturier parfumeur, suivi après la Seconde Guerre mondiale par toute la profession.

Mais, parallèlement, l'industrie des parfumeurs va manquer sa révolution industrielle car l'explosion de la demande, les nouvelles techniques de l'industrie agro-alimentaire ainsi que les nouvelles exigences des consommateurs consécutives à la Seconde Guerre mondiale vont amener les industriels à l'industrie chimique. Les compositions font de plus en plus appel aux produits de synthèse.

Ainsi, on va assister à la création d'une industrie à cinq niveaux. À la base les fournisseurs de matières premières qui sont les fabricants d'odeurs et d'arômes aussi bien pour les parfums que pour l'industrie alimentaire.

Parallèlement, les industriels font travailler les concepteurs. Ils sont peu nombreux et fabriquent un parfum à la demande de celui qui mettra son nom sur le flacon en s'adressant aux fournisseurs de matières premières. À côté se situent les conditionneurs. Enfin, viendront les distributeurs.

À part L'Oréal et, malgré les succès de quatre grands parfumeurs français de luxe que sont Guerlain, Chanel, Dior et Yves Saint-Laurent, les Français ne sont plus aussi bien placés qu'ils ne l'étaient dans l'industrie du parfum et des cosmétiques.

La concentration de l'industrie des arômes et des parfums au sein de quelques groupes chimiques ou pharmaceutiques va modifier considérablement le profil d'une profession encore très morcelée. Elle va accentuer la concurrence au niveau international mais également l'effort de recherche de création de nouveaux produits. La synthèse de nouvelles molécules chimiques nécessite beaucoup d'argent et un équipement que seuls peuvent s'offrir les grands groupes.

L'industrie du parfum apparaît ainsi à un tournant avec la concurrence américaine et la France doit particulièrement être vigilante pour ne pas perdre sa renommée dans cette production où elle a toujours été considérée comme la meilleure.

Chapitre III

DIVERSITÉ DES SECTEURS ET DES ACTEURS

I. – Les trois cercles du luxe

Le marché du luxe représente un chiffre d'affaires considérable. Mais il faut se défier des chiffres. Suivant les interlocuteurs, ils varient entre quelques dizaines de milliards d'euros et 150 milliards d'euros qui est le chiffre que nous avons retenu (cf. les trois cercles, p. 63).

Il existe plusieurs typologies des activités du luxe.

a) On peut se fonder sur une approche logique par secteur :

Marché culturel	Marché de l'art.
Moyens de transports	Automobile, yacht, avions privés.
Équipement de la personne	Haute couture, prêt-à-porter de luxe. Parfumerie. Accessoires de mode, maroquinerie. Chaussures. Cosmétique. Horlogerie. Joaillerie, bijouterie.
Loisirs	Les croisières. Les cercles de luxe. Les sports de luxe (polo, chasse, golf). Les collections. Hôtellerie de luxe : les palaces, relais, châteaux.

Équipement de la maison	Art de la table : Cristallerie ; Orfèvrerie ; Porcelaine ; Faïence.
Habitat	Les résidences de luxe : Achat ou restauration de châteaux. Décoration de luxe.
Alimentaire	Vins et spiritueux. Épicerie de luxe. Restaurants de luxe.

b) De son côté, le Comité Colbert[1] (2 *bis,* rue de la Baume, 75008 Paris) établit une classification un peu « différente », d'où il résulte que le chiffre d'affaires français de ses entreprises adhérentes est de l'ordre de 20 milliards d'euros, dont les 82 % à l'exportation.

c) Enfin, la Confédération française des métiers d'art (62, rue d'Hauteville, 75010 Paris) établit également un tableau d'où il résulte un chiffre d'affaires à peu près identique mais avec un périmètre très différent et un effectif de 160 000 personnes environ.

d) Une étude commandée par le ministère de l'Industrie et le Comité Colbert et remise en septembre 1995 a contribué à délimiter le périmètre du luxe français autour de 412 marques.

Une remarque concerne la haute couture. Elle constitue incontestablement le phare du luxe. Mais on sait qu'en France elle ne concerne que quelques milliers de modèles et de clients. Il est courant d'englober le prêt-à-porter, secteur souvent considéré comme phare de luxe notamment à cause de son côté médiatique. Mais

1. Le tableau de la p. 62, extrait de notre livre déjà cité p. 30, a rassemblé les chiffres français et étrangers évalués en 2006.

Principales données 2006 des douze secteurs de luxe

Secteurs	*France en milliards d'euros*	*Monde en milliards d'euros*	*% du Monde*	*Effectif mondial*
1. Arts de la table	0,2	1,5	1	10 000
2. Automobiles de luxe (dont yachts et avions privés)	1	14	9,3	13 000
3. Cosmétiques et parfums	13	32	21,3	214 000
4. Couture et accessoires	10	30	20	244 000
5. Gastronomie	1	2,5	1,7	17 000
6. Haute Fidélité	0,4	2	1,3	14 000
7. Sports de luxe	0,2	1	0,7	7 000
8. Vins et spiritueux	15	30	20	200 000
9. Horlogerie et joaillerie	2	8	5,3	53 000
10. Œuvres d'art (Galeries, antiquités, enchères)	2	5	3,4	67 000
11. Maroquineries et bagages	4	11	7,3	74 000
12. Tourisme et loisirs	5	13	8,7	87 000
Total	*53,8*	*150*	*100*	*1 000 000*

Un million d'euros correspond à peu près à sept personnes, ce qui permet de calculer les effectifs pour la France, environ 350 000 personnes, soit à peu près le tiers de l'effectif mondial.

la haute couture ne représentant que quelques millions d'euros, la différence porte donc sur le prêt-à-porter qui représente le plus gros chiffre d'affaires (plus de 20 milliards d'euros pour le monde). Des remarques identiques peuvent être faites pour l'hôtellerie où rien ne permet d'assimiler quelques palaces à 500 € la chambre à d'autres grands hôtels plus abordables.

Le premier cercle est celui des produits haut de gamme. C'est celui du superluxe accessible à quelques-uns. Le chiffre mondial est de 23,5 milliards d'euros.

Le deuxième cercle est plus abordable. On y trouve des objets élégants auréolés d'une réputation de bon

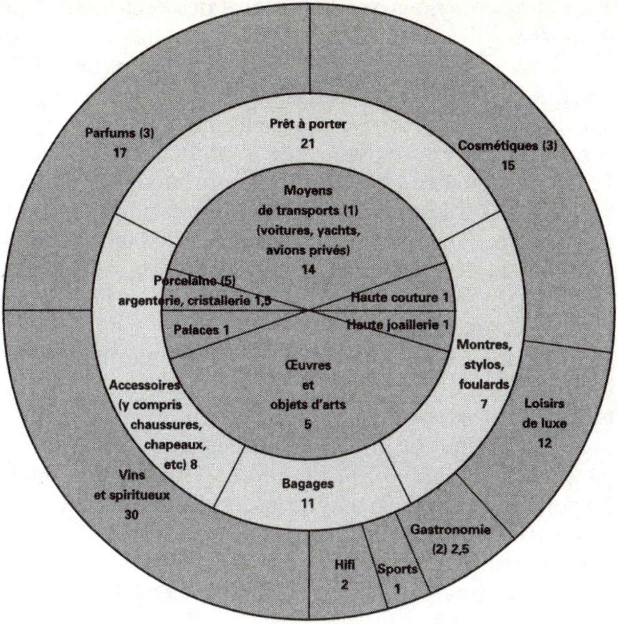

(1) Chiffre approximatif qui dépend du niveau où l'on place la barre des voitures ou des yachts de luxe. C'est la raison pour laquelle la surface de ce secteur n'est pas proportionnelle à son importance.

(2) Même remarque : il s'agit plutôt du CA et non de la valeur ajoutée et la barre est très difficile à placer.

(3) On a pris les deux tiers du marché des parfums et la moitié du marché de la cosmétique. Certains parfums de luxe peuvent faire partie du deuxième cercle.

(4) L'argenterie est à maintenir dans le premier cercle. En ce qui concerne les arts de la table, une grande partie de la porcelaine et de la cristallerie est à placer dans le deuxième cercle.

(5) On aboutit à un chiffre de 150 milliards d'euros, dont on peut estimer que la France représente 33 %.

goût et de chic mais qui sont plutôt des déclinaisons du luxe. Il résulte d'un choix délibéré d'achat d'un objet que l'on accepte de payer plus cher à cause de la marque ou d'une connotation valorisante (par exemple le briquet Cartier, une cravate Hermès ou un sac Vuitton). Le chiffre mondial est de 47 milliards d'euros.

Le troisième cercle est celui de produits un peu particuliers liés à l'univers de la consommation courante. Ceux-là sont encore plus accessibles : il s'agit des parfums et de certains produits alimentaires, y compris certains vins et spiritueux. Le chiffre mondial est de 79,5 milliards d'euros.

Le premier est le superluxe, celui de la haute couture, haute joaillerie, horlogerie de luxe, œuvres d'art, argenterie et vaisselles rares, palaces, automobiles, yachts.

Le deuxième est le luxe d'une certaine forme de valorisation sociale ou économique, foulards, prêt-à-porter, accessoires, bagages, montres, stylos, etc.

Le troisième est le luxe des sensations et des plaisirs : parfums, loisirs, gastronomie, sports. Il correspond davantage au luxe des cinq sens et à l'épanouissement du corps.

Le premier est davantage lié au patrimoine, le second à l'image (pour soi ou pour les autres dans le cas de cadeaux), le troisième à l'univers de la qualité supérieure et du mieux-être. Comme on le voit, nous sommes plus proches des 150 milliards d'euros. Dans le premier cercle, les proportions sont très largement modifiées si l'on ne prend pas en compte les moyens de transport.

II. – Les acteurs du luxe

Les acteurs du luxe sont tributaires de trois caractéristiques qu'il convient de rappeler :

a) La cohabitation d'une très grande diversité d'entreprises dans leur taille et leur fonction, allant de très grands groupes à une PME dont l'importance est sans commune mesure avec le chiffre d'affaires. Par exemple Carven fait 3 millions 50 000 € de chiffre d'affaires alors qu'un important concessionnaire automobile de luxe peut faire 10 ou 20 fois plus. Le luxe français est aujourd'hui contrôlé par de très grands groupes dont trois (LVMH, Richemond, Printemps-Pinault-Redoute) possèdent des dizaines de marques.

b) Les chiffres d'affaires sont très variables et sujets à caution. On peut considérer les prix de gros ou de détail, les redevances des licences, la capitalisation, etc. Souvent on a tendance à tout additionner, ce qui empêche de faire des comparaisons utiles avec d'autres secteurs. Par exemple, s'agissant des commissaires-priseurs ou des galeries, faut-il envisager leurs commissions ou le montant total des œuvres qu'ils vendent ? Lorsqu'il s'agit des chiffres d'affaires commerciaux les meilleurs éléments de comparaisons seraient la valeur ajoutée. En fait, c'est le chiffre du commerce de détail qui est le plus souvent donné.

c) Les résultats sont soumis aux aléas de la conjoncture et des changes (yen et dollar), plus qu'au savoir-faire. La baisse de ces deux monnaies fortes sur lesquelles sont calculées les redevances des licences peuvent affecter des résultats de manière plus importante que l'échec de lancement d'un nouveau produit ou le ralentissement des ventes directes. À cette diversité de situations s'ajoutent les diversités de comportements.

Les paramètres à prendre en considération pour comparer les stratégies des différentes entreprises, dépendent de la maîtrise financière, du contrôle de la fabrication, de la nature de la distribution, des choix de diversification ainsi que de la politique de licence ou de l'importance que l'on attache à l'exportation indispensable dans ce domaine (à cause notamment de la part des *duty free shops* et des variations qui affectent notamment certains pays asiatiques).

On peut cependant établir des corrélations par secteur et par taille du groupe. Par exemple, les vins et spiritueux doivent pouvoir maîtriser leurs moyens financiers ainsi que leur distribution. Ils miseront beaucoup sur l'exportation en accompagnant leur notoriété par une politique de communication particulièrement active fondée notamment sur la publicité. Les firmes de Cognac exportent près de 80 % de leur production et elles ont besoin d'alliance pour assurer leur distribution.

Au contraire, la haute joaillerie, ou la haute couture, fonde sa notoriété sur sa propre créativité en s'appuyant sur la qualité et le rayonnement.

D'autres firmes attachent beaucoup d'importance à leurs secrets de fabrication et à l'innovation créatrice. Celles qui ont un passé historique ont souvent un outil de production intégrée. C'est le cas du porcelainier Bernadaud ou du cristallier Baccarat. Hermès a souhaité, quand ce n'était pas le cas, prendre le contrôle des ateliers de fabrication et d'assemblage.

On a vu que, pour les parfums (et c'est quelquefois le cas pour le mouvement des montres), certains fournisseurs fabriquent pour le compte de différentes marques. La valeur ajoutée des marques se situe ailleurs, cet « ailleurs » qui est la caractéristique du luxe ; ce petit point sur le *i* du verbe « aimer », dirait le poète, c'est le style, la présentation, le rappel historique, le dessin, l'originalité, etc. Autrefois la parfumerie s'était indignée contre ce système. Mais c'était ignorer les avantages économiques de la division du travail. C'est surtout oublier ce qui fait la spécificité d'une bonne maison de luxe : imaginer et définir un produit avec une qualité et une présentation dont elle a le secret.

Les maisons de haute couture ont une politique très particulière. Tout l'effort de créativité porte sur les modèles de collection qui perdent de l'argent. Le

« prêt-à-porter », les accessoires et les licences en font gagner. Voilà pourquoi la haute couture est une vitrine correspondant à un faible chiffre d'affaires sans aucune rentabilité. Mais c'est aussi un des secrets du luxe : savoir perdre de l'argent dans certains secteurs pour en gagner dans d'autres.

En ce qui concerne la diversification on a le choix entre plusieurs cas de figures :

- la stratégie monoproduit c'est le cas par exemple de Daum ;
- la déclinaison sur des produits voisins, les parfumeurs avec les produits de beauté. Guerlain fait un tiers de son chiffre d'affaires dans cette activité ;
- la vente systématique de licences : Christian Dior, Pierre Cardin, Saint-Laurent et, d'une manière générale, la plupart des couturiers, en tout cas pour les parfums si ce n'est pour les accessoires.

La structure financière joue un rôle important dans l'élargissement de la gamme. Il y a une corrélation entre la diversification et la puissance financière.

Pour schématiser, on peut dire que la stratégie varie du plus simple avec l'entreprise familiale monoproduit type Bernadaud au plus diversifié grâce à la politique de licences (Cardin) en passant par Hermès et Cartier qui commercialisent plusieurs produits en restant fidèles à leur image et à leur culture et en contrôlant les réseaux, sans donner de licences.

Le cas de LVMH est particulier dans la mesure où interviennent aussi les données financières et où cette société rassemble des produits très différents allant de la haute couture à tous les niveaux du champagne.

Mais il existe toute une série de ramifications entre les fonctions industrielles, financières et commerciales qui sont présentées dans le tableau des pages 68 et 69.

Développement capitalistique

LVMH
CA 14 milliards d'euros
- Acqua di Parma
- Benefit Cosmetics
- Berluti
- Céline
- Château d'Yquem
- Chaumet
- Christian Dior
- Christian Dior Parfums
- De Beers LV
- DFS
- Dior Montres
- Dom Perignon
- Donna Karan
- Eluxury
- Fendi
- Fred
- Fresh
- Givenchy
- Givenchy Parfums
- Guerlain
- Hennessy
- Kenzo
- Kenzo Parfums
- Krug
- La Samaritaine
- Le Bon Marché
- Loewe
- Louis Vuitton
- Marc Jacobs
- Moët & Chandon

Calvin Klein
- Calvin Klein et ses déclinaisons

L'Oréal
CA 14,5 milliards d'euros ([1])
- Biotherm
- Cacharel
- Garnier
- Giogrio Armani
- Helena Rubinstein
- Inneov
- Kerastase
- Kiehl's
- L'Oréal Paris
- L'Oréal Professionnel
- La Roche-Posay
- Lancôme
- Le Club des Créateurs
- Matrix
- Maybelline NY
- Mizani
- Ralph Lauren Parfums
- Redken
- Shu Uemura
- Skincenticals
- Softsheen Carson
- The Body Shop
- Vichy
- Viktor & Rolf

Estée Lauder
CA 1,6 milliard d'euros
- American Beauty
- Aramis
- Aveda
- Bobbi Brown
- Bumble and bumble
- Clinique
- Darphin
- Donna Karan Parfums
- Estée Lauder
- Flirt
- Good Skin
- Jo Malone
- Kiton
- La Mer
- Lab Series Skincare
- MAC
- Michael Kors
- Missoni
- Origins
- Prescriptives
- Rodan + Fields
- Tommy Hilfiger

Gucci Group
CA 3 milliards d'euros
- Gucci
- Yves Saint-Laurent
- Sergio Rossi
- Balenciaga
- Alexander McQueen

Perfumes Loewe
Ruinart
Sephora
Stefanobi
Tag Heuer
Thomas Pink
Veuve Cliquot
Zenith

Armani
CA 1 milliard d'euros
Armani Casa
Armani Collezioni
Armani Exchange
Armani Jeans
Armani Junior
Armani Privé
Emporio Armani

Chanel
CA 1,7 milliard d'euros
Chanel

Tiffany & Co
CA 1,6 milliard d'euros
Tiffany's

Invescorps
Saks Fifth Avenue

Richemont
CA 3,4 milliards d'euros
Baume & Mercier
Cartier
Chloé
Dunhill IWC
Jaeger-LeCoultre
Lancel
Lange & Söhne
Montblanc
Montegrappa
Panerai
Piaget
Purdey
Shanghaï Tang
Vacheron Constantin
Van Cleef & Arpels

Hermes
CA 1,4 milliard d'euros
Chaussures John Lobb
Cristalleries de Saint-Louis
Hermès
Jean-Paul Gaultier
Puiforcat Orfèvre

Clarins
CA 1 milliard d'euros
Clarins
Thierry Mugler
Loris Azzaro
Claude Montana

Bottega Veneta
Stella McCartney
Boucheron
YSL Beauté
Bedat & Co

Prada
CA 1,2 milliard d'euros
Prada
Miu Miu
Church's
Azzédine Alaïa

Ralph Lauren
CA 2,2 milliards d'euros
Polo Ralph Lauren et ses déclinaisons
Club Monaco

Groupe Alliance Designers
Jacques Fath
Emmanuelle Khan
Francesco Smalto
Jean-Louis Scherrer
Louis Féraud
René Mancini
Poiray
Stéphane Kélian

([1]) Chiffre d'affaires total dont 20 à 30 % pour le luxe.

Chapitre IV

LA GESTION DU LUXE

I. – Les études de marché

De toutes les définitions du luxe, celle que nous retiendrons pour cette partie n'a pas encore été évoquée, bien que sous-tendue par toutes les considérations qui précèdent. Le produit de luxe est un produit qui raconte une histoire.

Cela suppose que l'histoire soit intéressante, d'où l'importance de la qualité du produit, mais aussi qu'elle intéresse, c'est-à-dire qu'elle corresponde à l'attente du client.

La clientèle du luxe présente des caractéristiques propres dont la première est qu'il s'agit de « consommateurs » ayant des moyens financiers plus importants que la moyenne. Cette catégorie sociale particulière a des motivations qui sont différentes des autres : il faut répondre à ses désirs et non à ses besoins et agir autant sur le mental que sur le matériel.

Pour séduire cette clientèle, il est évident qu'il faut provoquer la demande qui ne vient pas spontanément. Certains ont donc parlé de marketing de l'offre par opposition au marketing de la demande. Cela est particulièrement vrai pour le superluxe, celui de la haute couture, objets d'art, de la haute joaillerie, des palaces.

Pour cette clientèle, c'est le plus souvent le créateur qui impose ses goûts. Mais la part d'innovation qui provient du créateur et celle qui est guidée par le marché, l'environnement (« l'air du temps », comme on dit), est difficile à distinguer. Il y a interaction entre le marché et le créateur. Par exemple, les formes géométriques et les couleurs vives (celles des tissus de grands ensembliers par exemple) auraient-elles existé sans l'art abstrait ? De même qu'on ne s'habille plus comme au début du XXe siècle, on ne monte plus les bagues de la même manière. En même temps, il faut pouvoir s'inspirer d'une tradition. Le rôle des études de marché est donc très subtil : il doit permettre d'analyser et de mieux assimiler les courants, sans pour autant se laisser guider entièrement par eux. Ses spécialistes peuvent interpréter les tendances, expliquer les réussites ou les échecs, quelquefois les anticiper, rarement les commander.

Beaucoup de résultats de ces études concernaient les courants socio-économiques des années 1980. La guerre du Golfe a inversé la tendance et a obligé à revoir tous les schémas qui ne se différencient pas fondamentalement des précédents mais qui amènent néanmoins à reconsidérer certains aspects. Le 11 septembre 2001 a, de son côté, modifié les attitudes vis-à-vis du luxe, notamment par la peur des voyages.

Afin d'identifier ces courants et ces analyses de comportements, on fait davantage appel à ce que l'on appelle le « qualitatif » par opposition au « quantitatif des sondages ». En France, les deux principaux instituts d'études qualitatives sont la COFREMCA, d'une part, et le CCA, d'autre part (qui dépend de l'agence Havas).

La COFREMCA, qui fut premier dans ce domaine, ne publie pas ses études sur le luxe, mais commente régulièrement des baromètres que l'on peut se procurer en s'abonnant à ses cahiers trimestriels. D'une manière générale, la COFREMCA confirme, en ce début du XXIe siècle :

– le bond en avant vers la liberté et l'autonomie ;
– le besoin de plus en plus important de la recherche des valeurs et du sens ;
– la prise de conscience du vécu de la planète comme un système où la solidarité économique, financière et écologique est nécessaire ;
– le reflux de la civilisation urbaine en raison de ses débordements de violence et de pollution ;
– la nostalgie de la culture et du plus-être derrière le vide de la distraction et de la communication des mass media.

De son côté, le CCA, qui s'est rendu célèbre aux alentours des années 1980 en annonçant le recentrage bourgeois et finalement assez conformiste de la société française après les libertés de la fin des années 1960, a établi une typologie de la population française en mettant l'accent sur un recentrage bourgeois et culturel, assez incarné par ce que l'on a appelé les « bourgeois bohèmes ».

La société RISC, spécialisée également dans les études, a mis au point une méthodologie en comparant le rêve et l'achat, et de son côté la SOFRES, grâce à la sémiométrie, a créé cinq types d'univers pour les clients du luxe.

Une autre source, *Communication et business,* fait apparaître une distinction notamment chez les jeunes en les classant par rapport à leur capital économique et socioculturel en abscisse et l'âge en ordonnée.

Cette démarche est aussi celle de l'Institut ECARS. Il suit maintenant depuis plus de vingt ans une population de niveau de vie assez élevé (au-dessus de 100 000 € par an, par couple). Il a établi la liste suivante en fonction des différences de comportements face aux produits de luxe : jeunes simples, habitants de Neuilly-Auteuil-Passy, jeunes esthètes, Français moyens modes, affaires prétendants, technos, décos prétendants, puristes prétendants, affaires triomphants, décos héritiers, puristes héritiers, Français moyens traditionnels, BCBG moyens, BCBG top.

Danielle Allérès de son côté, dans le livre cité dans la bibliographie, établit des corrélations intéressantes dans le temps entre les motivations et modes de vie.

Le CRC est à l'origine d'une distinction entre initiés, habitués, joueurs conventionnels, iconoclastes, conformistes, investisseurs, hommes-sandwichs.

De son côté la firme Firmenich, spécialisée dans la fabrication de parfums, a différencié à propos de l'univers du parfum quatre attitudes autour des quatre thèmes suivants : affirmation de soi, exhibition de soi, libération de soi, évasion de soi.

De son côté, Eurostaf a fait plusieurs études sur beaucoup de domaines du luxe.

Quelle que soit la méthodologie retenue, ce qui compte, c'est la rigueur de l'analyse, le sérieux des enquêtes et le suivi historique qui permet de déterminer l'évolution des goûts, les langages des « leaders », les marchés qui se développent. On retrouve chaque fois cette convergence sur le retour aux vraies valeurs liées à la tradition, à la suprématie du « chez-soi » sur le « sur-soi » tout en restant sensible au plaisir. Le renversement de tendances des années 1990 est à cet égard instructif.

Les instituts commencent à s'interroger pour savoir si la clientèle du luxe qui n'arrêtait pas de développer ce marché ne serait pas en train de s'orienter vers d'autres activités (loisirs, voyages, acquisitions de propriétés ou d'objets d'art). Les week-ends culturels, sportifs, haut de gamme, l'aménagement des intérieurs ne seraient-ils pas en train de supplanter les cadeaux de bijoux, encore que la crise ait peu touché la haute joaillerie et les pièces rares, mais surtout affecté le luxe accessible ou intermédiaire. Toutes ces études insistent en tout cas sur l'exigence de qualité du consommateur. Elles montrent enfin qu'il n'y a pas une clientèle du luxe mais plusieurs (jeunes, seniors et même animaux).

Par ailleurs, il faut insister sur le rôle prépondérant des médias qui font naître, colportent ou amplifient ces tendances. Mais il faut éviter toute généralisation hâtive.

De même que l'on a vu qu'une société pouvait se caractériser par les objets de luxe qu'elle laissait derrière elle, chaque individu a son type de luxe. La formule « Dis-moi quel est ton luxe et je te dirai qui tu es » a été inversée par les spécialistes d'études de marché : « Dis-moi qui tu es et je te fournirai le luxe que tu souhaites. » Cette formule peut également s'appliquer rétrospectivement aux courants historiques, c'est-à-dire aussi bien aux fresques de ce riche praticien de la « Casa Reale »[1] de la Sicile qu'aux joueurs de pelote mayas dans ces somptueuses pyramides du Yucatan.

II. – La mercatique et le luxe

Le mot « marketing », que l'on a traduit par « mercatique », désigne l'ensemble des moyens et des techniques destinés à faire en sorte que les produits qui sont mis sur le marché soient accessibles à ceux qui désirent les acquérir : c'est l'ensemble des mécanismes de facilitation de l'adaptation de l'offre à la demande.

Initialement, le marketing désignait surtout des réflexions préparant l'acte de vente et essentiellement les

1. C'est en particulier à la Casa Reale que l'on a découvert cette fameuse mosaïque dite des « bikinis », car elle représente des femmes anticipant cette mode qui fit fureur après les explosions atomiques de 1945.

études de marché. Puis on est passé aux actions proprement dites, c'est-à-dire la commercialisation en général en insistant sur quatre facteurs : le prix, la distribution, la communication et bien sûr le produit ; d'où la notion maintenant bien connue que l'on appelle le *marketing mix*. Il associe l'ensemble de stratégies mettant l'accent soit sur le produit, soit sur le prix, soit sur les canaux de distribution, soit enfin sur la communication au sens large et plus singulièrement la publicité : les fameux quatre P du marketing : *Price, Product, Promotion, Place* ou *Population* (pour Distribution). Ainsi, la politique de « marketing » est passée d'un stade empirique à un stade plus conceptualisé. Elle varie également suivant les stratégies concernées. Elle présente une véritable spécificité pour le luxe et justifie donc une nouvelle race de « managers » du luxe.

Au commencement est le créateur qui impose son produit et tente, grâce à la communication, de le faire acheter. Il s'ensuit une diffusion de l'information fondée sur le culte du nom et de la marque qui se reconnaît à ses signes et à ses codes. Cette diffusion des signes constitue l'originalité de la politique du « marketing » des maisons de luxe. La spécificité du marketing du luxe repose sur la primauté essentielle du produit. Sans produit mythique, de qualité supérieure, rare, entouré d'une aura mystérieuse, il n'y a pas de marketing de luxe. À l'appui de ce produit il y a un nom, une marque qui doit être cohérente avec le produit (d'où les difficultés de la diversification). Cette marque doit se construire d'une manière subtile en respectant également ses critères de cohérence. « Peut-on se laver avec du savon Cartier ? », s'était interrogé à une époque l'état-major de cette maison, et la réponse fut négative. La marque est aussi importante que le produit en matière de luxe. C'est en quelque sorte une caution indispensable. À cet égard, suivant les époques, on assiste à un jeu de bascule entre le produit et la marque, les années 1980 étant plutôt celles de la marque, les années 1990 celles du produit.

En revanche, tout le mythe attaché à la sellerie et à la beauté du cuir ont permis à Hermès de se détacher progressivement de ce secteur prestigieux mais limité, pour créer des objets qui, dans un premier temps, étaient liés au cheval, pour utiliser ensuite sa suprématie sur la soie et les foulards, et enfin décliner ce savoir-faire dans de nombreux accessoires.

La caractéristique de l'homme de marketing du luxe, c'est sa finesse et sa subtilité qui n'exclut ni l'innovation, ni l'audace, ni l'originalité. À cet égard la réussite du parfum *Opium,* un des plus grands succès du parfum de la fin des années 1970, est fascinante, surtout si on la compare à des échecs sur d'autres parfums qui ont tenté d'utiliser les mêmes recettes avec les mêmes connotations audacieuses et les mêmes moyens. Dans un univers où la drogue est considérée, à juste titre, comme un fléau absolu, c'était presque de la provocation pour Yves Saint-Laurent d'avoir osé. Aujourd'hui où les valeurs sont recentrées, on parle d'*Héritage* pour Guerlain.

S'agissant de la consolidation de la marque, il faut aussi tenir compte de l'attente des consommateurs et procéder à l'élaboration d'un ensemble cohérent à partir des produits de la collection (qui doit être reconnaissable dès le premier abord) afin de créer sur la marque des réflexes automatiques.

Avant d'aborder les critères produit, prix, communication, canaux de distribution, il convient de rappeler quelles sont les différentes segmentations du marché du luxe. Là encore, les distinctions varient suivant les auteurs. Le CRC a distingué cinq niveaux du luxe. Danielle Allérès a, de son côté, adopté une classification à trois niveaux auxquels elle associe des classes sociales d'une part et des différents types de marketing d'autre part.

Les produits de luxe ne sont pas banalisés et ils transportent avec eux une aura de rêve, une connotation immatérielle. Leurs prix sont caractéristiques des critères de rareté qu'ils représentent. La distribution elle-même est spécifique, car elle ne peut pas être universelle et dans certains cas elle doit être contrôlée, voire sélective (d'où les querelles juridiques que cela comporte pour savoir si l'on a le droit de refuser la vente de certains produits en fonction de certains critères). Enfin, la communication elle-même a des caractéristiques bien particulières que nous allons étudier.

À chaque cercle sa mercatique. – En deuxième lieu, nous avons vu qu'il n'y avait pas qu'un seul type de luxe, mais plusieurs sortes auxquelles correspondent des politiques de marketing spécifiques.

À chacun de ces univers, c'est-à-dire les trois cercles présentés page 63, correspond une importance différente attachée à ce que l'on a appelé le *mix* du marketing. Dans le premier cercle on mettra davantage l'accent sur le produit, puis dans le deuxième cercle sur le prix et le produit avec une distribution sélective et dans le troisième cercle sur la communication. Mais il s'agit seulement d'orientations. Nous allons voir qu'il y a des exceptions et que, dans ce domaine aussi, il faut se défier des règles générales[1], d'autant plus

1. Face aux trois univers du luxe retenus par Danielle Allérès (luxe inaccessible, luxe intermédiaire, luxe accessible), qui se fondent sur d'autres critères et donc ne correspondent pas à notre classification, l'auteur présente, elle aussi, trois stratégies bien particulières et qu'elle qualifie de marketing intuitif, de marketing élaboré et de marketing scientifique.

qu'il n'y a pas de frontières intangibles entre les trois cercles.

L'objet de luxe du *premier cercle* est un produit par définition prestigieux. Il doit presque se vendre « tout seul » et on ne devrait, en théorie, n'avoir que peu d'efforts de marketing à faire. Ce produit étant prestigieux par excellence, on peut imaginer que les gens le rechercheront d'une manière spontanée. Il en résulte que le prix a une moindre importance, que la distribution devra être la plus sélective possible et que la communication devra emprunter des voies empiriques en comptant beaucoup sur le bouche à oreille. Le rayonnement, le prestige seront considérés comme la plus spontanée des communications.

Plus délicate est la mercatique du *deuxième cercle.* Le produit a sa raison d'être, bien sûr, mais il devra être accompagné de toute une série de techniques (allant de la distribution sélective contrôlée mais relativement étendue et ouverte) à des prix psychologiques, à une communication qui doit être élaborée suivant un certain nombre de critères plus rationnels et peut-être moins intuitifs que pour le premier cercle. Dans le deuxième cercle, on est le plus souvent dans le champ de l'extension de la marque. Il faudra veiller à ce que le phénomène de « marque ombrelle » ou de « marque caution » ne porte pas ombrage au produit initial. Il ne peut pas y voir de risque de destruction en passant par exemple de la haute couture aux accessoires puisqu'il s'agit d'objets très différents. La confusion entre haute couture et prêt-à-porter peut poser en revanche un problème.

Quant au *troisième cercle,* celui des parfums, vins et spiritueux, loisirs, l'accent sera mis essentiellement sur la publicité et la distribution. On sait qu'il s'agit de produits devant affronter des marques de concurrents. La principale question qui se pose est celle du circuit de distribution. Une autre question se pose sur le seuil d'un certain nombre de prix étant entendu qu'il faudra qu'il soit toujours en moyenne au-dessus des produits comparables, et naturellement c'est la communication qui fera la différence.

Le livre de Lendrevie et de Lindon, *Mercator*[1], publié aux Éditions Dalloz, permet d'analyser l'ensemble de ces stratégies et de reconnaître quelle est la meilleure stratégie entre le prix, le produit, la distribution et la communication. Il décrit également la stratégie Cartier qui a su très adroitement conjuguer différentes politiques de marketing en utilisant notamment la déclinaison du « Must ». Et il conclut en ces termes : La vraie réussite de la stratégie Cartier, c'est d'avoir maintenu intacts l'image et le prestige de sa marque, et d'avoir su se démocratiser et s'industrialiser sans se dévaloriser : le nom de Cartier reste synonyme de luxe et de raffinement, la boutique de la rue de la Paix continue de vendre les bijoux les plus chers aux gens les plus riches du monde, les anciennes pièces de Cartier atteignent dans les ventes publiques des prix astronomiques, et plus de 20 % du chiffre d'affaires de la société continuent de se faire en haute joaillerie.

« La force de Cartier et le secret de sa réussite, c'est d'avoir mis toute sa stratégie de marketing au service du "positionnement" prestigieux de la marque. Dans sa politique de produit, Cartier se réserve la maîtrise totale du design et de la fabrication, afin de ne donner son nom qu'à des objets d'une qualité fonctionnelle et esthétique irréprochable. Par sa politique très sélective de distribution, Cartier fait en sorte que ses produits ne soient vendus que chez des détaillants de grand

1. On peut aussi consulter le « Que sais-je ? » d'Armand Dayan, *Le marketing*, 10e éd., 2001.

standing. Dans sa politique de communication, enfin, en mettant l'accent sur les relations publiques et le mécénat – notamment par la création de la Fondation Cartier[1] –, Cartier affirme son appartenance à l'univers de l'art et de la beauté. »

Le *marchandisage* et le conditionnement ont des caractéristiques communes à tous les produits de luxe. Le matériel de présentation utilisé, la signalisation, le système logo et le slogan jouent un rôle très important dans la mesure où ce que l'on achète ou l'impression ressentie (ou que l'on veut faire ressentir dans le cas d'un cadeau) est aussi important que le produit lui-même. Dans les secteurs de luxe, le *design,* l'emballage, la présentation jouent un rôle fondamental.

L'emballage permet d'entrer en résonance avec le client. Il doit correspondre à un rituel et à un mystère, et évoquer la fête. La couleur, la forme et la matière qui en sont les composants doivent être cohérents avec le produit, la marque et le lieu de vente. Il répondra aux quatre critères suivants : être éternel, unique, évocateur et non déclinable.

Rien ne serait néanmoins plus dangereux que de trop codifier ce type de règles qui doivent varier avec :

- le temps et les époques ;
- le secteur ;
- la marque ;
- la culture d'entreprise et la personnalité des dirigeants.

Ces techniques de marketing ne peuvent s'enseigner qu'à partir de cas et de raisonnements pragmatiques. Il ne s'agit pas de règles dogmatiques, mais d'un « savoir-faire » que l'on acquiert avec son intuition et son

1. Qui s'est installée depuis quelques années à Paris, boulevard Raspail.

Différences schématiques entre marketing du luxe et marketing grande consommation

	Luxe	*Grande consommation*
Besoins dans la pyramide de Maslow	– appartenance – accomplissement – considération	– physiologique – sécurité
Produit	Objet Métier	Utilité et commodité Packaging
Prix	Élevé	Le plus faible pour augmenter la quantité
Distribution	Sélective Duty free Grands magasins Export	GMS Grands magasins Magasins de proximité
Communication	Sélective et ciblée TV parfois Mécénat Rédactionnelle	Grand public TV Publicité
Stratégie	Élimination des concurrents par la différence	Élimination des concurrents par les coûts et la publicité
Résultats	Maxi Marge	Maxi volume

expérience. Ce qui est bon pour l'un peut s'avérer mauvais pour un autre. Il faut donc fuir la théorisation systématique et éviter la codification. Quelques grands principes doivent être retenus avec quelques outils de référence, la meilleure pédagogie consistant à étudier des cas : par exemple, comment expliquer la réussite d'*Opium* ou de *Samsara* et l'échec des autres parfums qui les ont copiés en utilisant les mêmes règles ? Mais il ne faut pas aller au-delà. N'oublions pas que ce qui doit prévaloir, c'est avant tout le produit et la mise en valeur de la marque en se fondant sur :

– sa personnalité propre ;
– la cohérence interne et le respect de la culture interne ;

– le respect des valeurs du moment ;
– le professionnalisme et l'application à vérifier que l'on applique bien les consignes reçues.

Avant de traiter l'importance de la marque et de la communication, on trouvera ci-dessus un tableau rappelant les différences entre le marketing des produits de luxe et celui des produits de grande consommation.

III. – La communication et la marque

1. **La communication.** – Le produit de luxe est à la fois un objet et un espace mental. La communication s'appliquera donc à sa qualité, son prix, son utilisation, sa commodité, mais surtout à son originalité, sa valeur, sa beauté, sa nouveauté, sa capacité de vous faire entrer dans un cercle d'initiés ou de privilégiés. Puisqu'il s'agit d'un produit qui raconte une histoire, la communication va jouer un rôle fondamental.

La communication contribuera au déclenchement de l'acte d'achat. Ce déclic, c'est ce « grain de folie » qui fait accepter un sacrifice financier pour l'acquisition d'un objet. Dans le luxe ce déclic est totalement freudien. La fonction du produit est occultée par le « coup de foudre ». On est plus proche du domaine de la passion que de celui de la raison et on achète un signe, une appartenance, un besoin de considération (ou d'être considéré dans le cas du cadeau). On a parlé des codes du luxe, des « signes » de la tribu, de ce qui différencie l'univers du luxe du *vulgum pecus.* Le luxe est un facteur d'identification : c'est une façon de se différencier, de s'affirmer, de ne pas être comme les autres ou en tout cas de copier ceux que l'on admire. En achetant un objet de luxe on pénètre dans un club. On achète de l'image dont la valeur d'usage n'est pas absente : d'où l'obligation de perfection dans la présentation (beauté) et dans l'utilisation (qualité absolue).

La communication doit tenir compte de tous ces facteurs. Quand il s'agit de la valeur d'usage on est proche des autres formes de communication commerciale. En revanche, la communication qui porte sur l'univers mental est plus subtile et plus délicate. Elle est éminemment variable en fonction des publics et des évolutions de mentalité. Suivant les individus, il peut s'agir d'ostentation, d'hédonisme, de conformisme, de différenciation, de reconnaissance, d'expression personnelle, d'accomplissement d'une œuvre ou d'un rêve.

L'acheteur du produit de luxe demande à être traité à part et comme une personne différente. Il éprouve plus que tout autre ce besoin de « considération » et d'appartenance. D'où la difficulté de la communication qui, par définition, est omnidirectionnelle.

Il y a quatre niveaux de communication suivant que l'on parle du produit, de la marque, de l'entreprise ou de l'institution.

Sur un total de chiffres d'affaires en France pour la communication de 10 milliards d'euros, on peut classer les formes de communication selon la nature des supports.

D'une manière générale, la répartition de la communication médias/hors médias est la suivante :

Médias		*Hors médias*	
29,5 %	Presse	17 %	Promotion
17,5 %	Télévision	9 %	Publicité directe
9 %	Affichage	5,5 %	PLV
5,5 %	Radio	1,5 %	Expositions, foires, salons, congrès
1 %	Cinéma	3,5 %	Mécénat
		1 %	Divers

Le luxe représente 5 % du total des dépenses de la communication, soit plus de 500 millions d'euros. La communication est relativement plus importante en ce qui concerne le mécénat, la promotion, les événements, c'est-à-dire le hors-média, sans oublier la presse spécialisée car il faut fidéliser les distributeurs.

Pour la communication média, ce qui est important, c'est d'être cohérent avec son *image.* Les gens ne retiennent qu'une image à la fois. Il ne faut pas être trop sophistiqué et il faut être soi-même.

Le style d'une campagne de publicité conditionne l'image et la marque. Par exemple, la publicité de Pommery sur l'art était un pari. Le parti pris avant-gardiste de la Fondation Cartier pour les arts plastiques est délibéré. Pour la Fondation Cartier, Alain-Dominique Perrin avait remarqué qu'il y avait cohérence entre la peinture d'avant-garde et les amateurs de belles pièces de joaillerie. Inversement, il n'aurait eu aucun intérêt à sponsoriser une course à la voile. En revanche, il y a une cohérence entre les bagages Vuitton et le yatching.

L'événementiel constitue la part la plus importante de la communication des produits de luxe, en tout cas la plus créative : d'où l'importance naturellement du mécénat à condition qu'il soit adapté et cohérent avec le produit ou l'image de la marque.

Notons aussi l'association de personnage emblématique :

- Nicole Kidman pour Chanel ;
- Monica Belluci pour Dior ;
- Scarlett Johanson pour Louis Vuitton ;
- Inès Sastre pour Lancôme (Trésor) ;
- Laetitia Casta, Pénelope Cruz pour L'Oréal ;
- Olivier Martinez pour Yves Saint-Laurent (L'Homme) ;

- Liv Tyler pour Givenchy ;
- Julia Roberts pour Gianfranco Ferre ;
- Laure Manaudou et Alice Taglioni pour Lancel ;
- Kate Moss pour Longchamp, Burberry, Versace, Yves Saint-Laurent (Opium)...

2. **La marque.** – En matière de luxe la marque est primordiale. Elle est presque aussi importante que le produit. C'est donc une valeur de patrimoine. Il convient donc, pour inspirer la communication, de délimiter le territoire de reconnaissance, l'histoire de la marque, son terroir, sa généalogie, le fondateur et sa lignée, ses traditions et ses codes.

Sa légitimité est fondée sur sa qualité, son raffinement, car la marque de luxe est l'excellence par le savoir-faire (le métier), la tradition de qualité, la créativité, mais aussi la légende. Les clients font également partie de la marque. Il y a des clients porteurs d'image. Il y a aussi des clients destructeurs d'image. Saint-Louis a déjà fabriqué quelques flacons individuels pour quelques clients prestigieux.

La sélectivité et l'inaccessibilité sont les vecteurs de la marque. Mais celle-ci peut aussi se dévaluer à cause des clients destructeurs, ou d'un accident, ou d'une erreur de stratégie. La contrefaçon est également nuisible.

La communication se fait essentiellement sur la marque. Il faut auparavant se poser la question : *d'où la marque tient-elle sa légitimité et sa personnalité ?*

- le produit ;
- la clientèle ;
- la distribution ;
- la communication ;
- le temps : la légitimité de l'âge, l'histoire, les racines ;
- le terroir : *made in...* fabriqué en... ;
- la généalogie : la caution de l'inspirateur et du talent.

La marque de luxe doit couvrir toute la gamme de l'excellence. C'est en ce sens qu'on peut dire qu'elle est un univers.

On distingue plusieurs types de marques :

- la marque produit (toutes les marques de champagne) ;
- la marque ombrelle – Cartier, Hermès, Yves Saint-Laurent ;
- la marque caution – Cardin ;
- la marque d'entreprise que les Anglais appellent marque *corporate* – LVMH.

Pour les marques de luxe toute la difficulté est de passer de la marque produit (un foulard Hermès, un bijou et montre Cartier), à la marque ombrelle et caution.

Rien n'est plus fragile que la marque. C'est un univers subtil qu'il faut à tout prix préserver. C'est comme une plante que l'on doit surveiller, soigner, élever, entretenir, protéger. Il faut des qualités d'éleveur et d'éducateur.

Les cinq problèmes de construction de marque sont les suivants :

1. Où est l'*équilibre* entre
   - destruction ;
   - construction d'image ?

2. Peut-on *redresser* une image dégradée d'un produit de luxe ?
3. Peut-on créer *rapidement* une image dans le luxe ?
4. Peut-on construire une image dans le luxe sur de *nouvelles origines* ?
5. Où est la limite de la *flexibilité* d'une image :
   - pour couvrir de nouveaux produits ;
   - pour aborder d'autres secteurs ?

En résumé, on peut dire que la marque a une triple fonction :

- de simplification et d'identité ;
- de garantie ;
- d'imaginaire et de symbolique.

Puisque la demande de luxe s'oriente vers d'autres désirs que la satisfaction des besoins matériels, la *dimension imaginaire* constituera la composante essentielle ; d'où l'importance du hors-média en communication. La communication sera le principal outil pour construire et renforcer cette dimension. La marque a ainsi une véritable personnalité. Peu importe qu'elle s'appuie sur différents produits. Elle doit être cohérente avec l'ensemble des produits et le consommateur doit retrouver ce qu'on appelle le territoire de légitimité de la marque, avec un certain nombre de caractéristiques.

Tout émetteur de marque a tendance à lancer des produits nouveaux ou des produits parallèles en tenant compte d'un nouveau segment ou d'une nou-

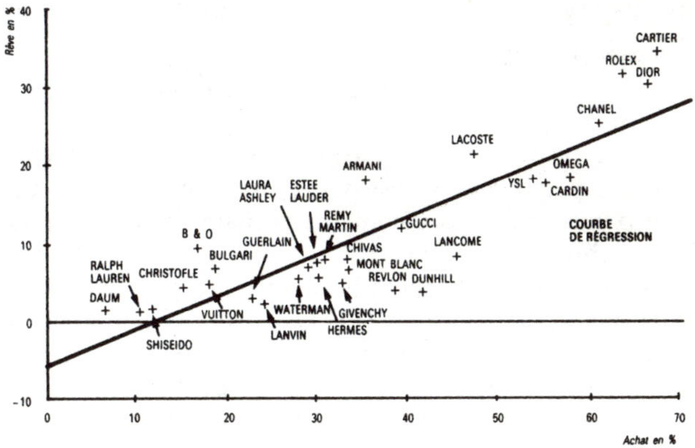

velle tendance du marché. C'est à ces moments-là que la marque peut être fragilisée ; d'où l'importance de la stratégie. Le graphique ci-contre rappelle les contenus d'une marque au terme d'une étude faite par le Cabinet Risc et largement reprise dans la presse en analysant le rapport entre le rêve et la réalité. On place en ordonnée ceux qui rêvent d'acheter un objet et en abscisse ceux qui en achètent. Toutes les marques qui sont au-dessus de la ligne de régression ont une bonne image de rêve. Les quatre marques records sont celles qui ont une très belle connotation de rêve et une très belle performance d'achat. Ce sont Cartier, Dior, Rolex et Chanel.

IV. – **Stratégie et gestion**

Nous avons vu qu'il y a plusieurs types de marketing en fonction des catégories de produits. De la même manière les stratégies diffèrent en fonction des types d'entreprises.

De multiples essais de classification ont été réalisés en distinguant :

- les monoproduits et les autres ;
- les entreprises à diversifications voisines du secteur (couture, parfums) ;
- les multiples diversifications (par exemple Hermès qui à partir du cuir est passé à la soie, aux parfums, aux montres, aux vêtements et maintenant à l'art de la table) ;
- la politique de licences limitées ou la politique de licences très extensives (le cas extrême étant celui de Cardin). Dior reçoit des dizaines de millions nets d'euros de redevances du Japon et des États-Unis, ce qui représente plusieurs milliards de vente de détail dans ces pays.

Les firmes de luxe n'échappent pas aux règles générales des stratégies qui s'appliquent aux autres entreprises.

1. **La croissance.** – La croissance peut se faire de quatre manières :

– lancement de nouveaux produits de la gamme ;
– diversification ;
– acquisition ou absorption ;
– licences.

A) *Lancement d'un nouveau produit.* – Le lancement de nouveaux produits correspond à une réalité biologique. Comme les êtres les produits naissent, grandissent, vieillissent et disparaissent. Mais cette règle souffre des exceptions dans les produits de luxe dont certains sont tellement innovants ou tellement adaptés aux souhaits de la clientèle qu'ils ne vieillissent pas. C'est le cas par exemple du parfum Chanel n° 5 qui tient le record absolu historique des ventes de parfum et qui depuis sa création en 1925 n'a changé ni de présentation ni de contenu et de la bague trois anneaux de Cartier qui date de 1923. Mais ce n'est peut-être pas un hasard, Chanel ayant toujours eu une politique de rigueur. Un tailleur Chanel ne se démode pas et convient à toute sorte de femmes. Il est remarquable par sa forme mais aussi par sa qualité de détail et de finition. Chanel ne peut pas vieillir et apparaît comme une valeur de référence. Voilà pourquoi sa diversification est faible. On ne peut pas être le référent de tous les secteurs. Dès lors on ne s'étonne pas que son parfum soit éternel.

À quelques exceptions près, on a donc une nécessité de relancer de temps en temps de nouveaux produits. C'est cet instant qu'il ne faut pas manquer. On a vu qu'en ce qui concerne les prix, il y avait des seuils qui pouvaient servir d'alarme. Hermès par exemple s'est interrogé le jour où il a franchi la barre des 150 € pour son célèbre foulard. Ce chiffre un peu mythique allait-il être dissuasif ?

À l'inverse, arrêter un produit n'est pas une décision facile et ne répond pas à des critères scientifiques : la mode, la conjoncture doivent guider. Il est rare, sauf échec retentissant, que l'on arrête les produits dans le secteur du luxe, sauf quelques exceptions pour créer la rareté et éventuellement reprendre le produit qui est d'ailleurs gardé dans le patrimoine et fait partie de la collection. Souvent il faut pouvoir les réparer (comme dans le cas des montres). Il faut pouvoir même les réactiver un jour.

Le plus souvent, on n'attendra pas l'extinction du produit pour procéder au lancement d'un nouveau produit. Dès les premiers signes d'essoufflement on lancera un produit concurrent ou complémentaire. Le chevauchement entre les deux produits concurrents dépendra bien sûr de la réussite ou de l'échec du premier produit et surtout de la concurrence et de la manière dont il a été copié ou de la nécessité de s'inspirer de son succès.

Le lancement d'un nouveau produit dans le luxe correspond à certaines règles qu'il faut appliquer à la lettre et qu'il faut suivre en quatre étapes séquentielles :

Les quatre principes de lancement d'un nouveau produit :

1 / *Analyse des attentes du marché et de la concurrence :* à partir de cette analyse on a le choix entre :

a) Faire un produit sur mesure en n'hésitant pas à affronter les autres sur leur territoire : c'est le produit qui fera la différence ;

b) Créer un nouveau territoire en prenant en compte la tendance (politique de niches ou de créneaux) ;

c) Découvrir une terre vierge (double innovation produit, marché).

2 / *La plate-forme de création :* elle est définie en fonction de l'axe marketing choisi. Le plan d'opérations s'appelle le *Briefing* chez les militaires. On indique aux différentes équipes l'objectif, c'est-à-dire une plate-forme de recherche sans cadre limitatif. Il sera rédigé en langage de non-spécialiste pour laisser libre cours à l'imagination et à la créativité. C'est le but à atteindre qui seul est indiqué sans aucune contrainte ni de prix ni de matériaux.

3 / *Les processus d'interaction mercatique :* le produit va avoir des conséquences sur le marketing. C'est alors qu'il faut faire des ajustements interactifs entre les équipes de création pure, de fabrication et aussi de présentation (emballages, dessins) et de gestion (prix) en tenant compte des campagnes de communication et de la distribution. Ce processus de va-et-vient doit être léger et souple. Le rôle de chef de produit est fondamental à cet égard.

4 / *Développement du produit :* le choix arrêté définitivement, toutes les arrière-pensées doivent être reléguées. L'équipe est mobilisée à 100 % vers l'objectif. Personne ne s'occupe du travail du voisin. Le fabricant choisit le matériau le plus beau, l'objet est sans défaut et inusable, les tests de présentation et de *packaging* sont validés (en ce qui concerne les couleurs et les formes), la distribution est motivée à l'avance (ce qui est plus facile compte tenu des points de vente limités), la campagne de communication programmée.

B) *La diversification.* – À côté du lancement d'un nouveau produit dans la gamme, une décision stratégique plus importante consiste à se diversifier dans un domaine voisin. Cela peut se faire par des acquisitions. Avec cet achat on est de plain-pied dans le territoire de légitimité. Tout le problème est de ne pas polluer par cette entrée le territoire initial. On peut aussi vouloir un déplacement du noyau dur de l'entreprise vers un nouveau secteur. Cela est nécessaire pour répondre à plusieurs objectifs :

- renforcer la croissance si elle est trop limitée dans le secteur initial ;
- assurer une plus grande rentabilité si on peut faire des économies d'échelle ;
- survivre si les frais fixes sont trop élevés, si des secteurs sont bouchés par manque de visibilité ;
- se développer pour les actionnaires.

Comme on le voit la *diversification* est non seulement une tentation noble du chef d'entreprise. Elle peut être une nécessité. C'est le cas de la haute couture.

Une collection de haute couture coûte environ 3 M€ par an et, à part deux ou trois maisons, ne rapporte que beaucoup moins, d'où un déficit. Il faut donc la considérer comme une vitrine publicitaire et l'amortir sur d'autres objets : parfums, accessoires.

Autre exemple : le chiffre d'affaires des marques des prêt-à-porter de moyenne importance est de l'ordre de 50 M€. Les ratios de publicité sont de l'ordre de 2 à 4 % pour cette activité. Une bonne campagne de publicité ne peut être lancée au-dessous de 3 M€. Ces marques sans parfum sont donc condamnées à de petites campagnes. En revanche, les ratios de publicité pour le parfum étant de l'ordre de 10 à 25 %, on pourra atteindre ce seuil de publicité plus facilement avec des chiffres d'affaires cumulés si on a un parfum.

D'une manière générale, la diversification accroît la notoriété de la marque, permet d'accéder à d'autres formes de distribution et à un rayonnement international et favorise la mobilité dans l'entreprise. Mais comme la langue d'Ésope, elle peut être la pire ou meilleure des choses. Car la diversification peut polluer et même tuer une marque.

Nous ne parlerons pas de cet effet de seuil bien connu des économistes consistant à mal assimiler une croissance. Grandir peut avoir des conséquences insoupçonnables sur la marche de l'entreprise et entraîner des différences de nature et non seulement de degrés. Mais il s'agit là de problèmes qui ne sont pas spécifiques au luxe.

La remise en cause d'une marque de luxe par la diversification (ou la déclinaison ce qui peut revenir au même) peut se faire par :

- l'absence de professionnalisme ;
- la dilution de la marque ;
- la pollution de l'image.

Entrer dans un secteur que l'on ne connaît pas est dangereux. Le luxe ne souffrant, ni le défaut, ni l'à-peu-près, on échoue si on n'a pas les meilleures équipes et les meilleurs produits.

La déclinaison de la marque est un phénomène plus subtil. La règle d'or est de ne pas troubler l'univers mental du client. Le client a une notion très subjective du territoire de légitimité d'une marque. Si on franchit la ligne de démarcation il peut se sentir agressé et refuser de continuer à faire confiance à la marque.

La pollution de l'image peut entraîner ce que l'on appelle la cannibalisation, c'est-à-dire la disparition de l' « aura de rêve » attachée à la marque. Par exemple, un objet bon marché tel que des pantoufles ne fait pas bon ménage avec la haute couture.

C'est au nom du professionnalisme que Rémy Martin par exemple a toujours refusé de se lancer dans l'alimentaire de luxe et il semble bien que les tentatives un peu hasardeuses de rapprochement des vins, du foie gras et du saumon lui donnent raison. Mais tout cela est peut-être provisoire.

C'est pour ne pas diluer sa marque que Cartier refuse de faire des cravates, et qu'en même temps il déplore, d'avoir été, pour des considérations de protection de marque, obligé de faire des cigarettes (il est vrai pas distribuées en France).

On trouvera ci-dessous les critères à adopter pour mener une politique de diversification.

a) Respecter la cohérence et la culture de l'entreprise et notamment son histoire (s'appuyer sur les valeurs humaines et techniques, ce qui n'exclut pas qu'il faut de temps en temps sauter le pas : Hermès, sellier, ne pouvait survivre à la disparition du cheval ; le cuir, dans un premier temps, le coup de génie des carrés de soie, dans un second, l'ont sauvé) ;

b) Respecter le territoire de légitimité : se diversifier dans des domaines voisins où l'on peut justifier sa compétence est possible. Ce fut le grand débat des Must de Cartier. Ces objets plus banalisés n'allaient-ils pas faire fuir la clientèle de haute joaillerie ? Ce fut le contraire car les Must furent présentés comme des objets rares de haut de gamme avec une communication très élégante qui ne pouvait choquer les clients traditionnels de Cartier.

c) Respecter le territoire mental du client : les nouveaux produits, la nouvelle communication, le nouveau style ne doivent pas agresser. Le parfum, la couture et les accessoires sont devenus complémentaires même s'il s'agit de luxes totalement différents. Les objets de la maison commencent à rentrer dans cette catégorie.

Dans tous les cas, la maîtrise de la distribution aide à pallier les inconvénients de la diversification. En étant maître de sa communication, on peut corriger les méfaits d'une diversification audacieuse.

Différentes formes de diversification :

1) Celle qui consiste à se servir de son rayonnement pour des produits similaires. Chaque marque a sa spécificité :

- sellier, c'est-à-dire le cuir (par extension les foulards et les cravates) pour Hermès ;
- malletier, c'est-à-dire les bagages pour Vuitton ;
- joaillier-horloger pour Cartier ;
- tabac pour Dunhill ;
- couturier pour Chanel, Dior, Lanvin, etc.

À partir de là :

- Cartier s'est diversifié dans les lunettes et les stylos mais a moins réussi dans les foulards et les bagages ;
- Dior a réussi pour les lunettes et les accessoires ;
- Dupont a échoué pour les montres.

2) La deuxième diversification consiste à étendre son champ de compétences : Moët Hennessy, avec Delbard.

3) Au niveau des groupes financiers, c'est un peu la même démarche qui correspond à l'adage « ne pas mettre tous ses œufs dans le même panier ». Ce fut l'attitude de Sanofi qui, à partir du pétrole, s'était reconverti dans l'agro-alimentaire, puis le parfum et le luxe, avant de vendre à PPR.

C) *Les acquisitions.* – Il s'agit de décisions qui peuvent aussi répondre à des critères financiers. Une capacité de trésorerie ou d'emprunt peut inciter à élargir sa gamme. On retrouve aussi les avantages d'économie d'échelle mais aussi de rentabilisation du circuit de distribution, qu'il soit celui d'un grossiste ou d'un propriétaire de magasins. L'achat doit alors apparaître cohérent avec la politique. L'art de la table s'est rapproché ces derniers temps des groupes de luxe Hermès. Mais il peut y avoir des synergies financières : la cohabitation dans le même groupe, par exemple chez L'Oréal, de parfums très différents, ou chez LVMH, du Bon Marché, de Christian Dior, de Fred, de Givenchy, de Lacroix, de Moët, Mercier, Veuve Cliquot, Hennessy.

En revanche, les présences d'Unilever et de L'Oréal dans les parfums se justifient par des complémentarités de métiers et de recherche.

D) *Les licences, la distribution.* – La licence peut porter sur la fabrication du produit (et dans ce cas il peut y avoir des débordements s'il n'y a pas de contrôle) ou sur la distribution du produit. Elle peut être un moyen terme par rapport aux stratégies précédentes.

La licence que l'on cède comme dans le cas d'Yves Saint-Laurent, de Dior ou de Cardin est un moyen de recevoir des redevances nettes que seules les fluctuations des cours du yen et du dollar affecteront. Les avantages sur la rentabilité et la notoriété sont immenses. Mais il faut pouvoir contrôler les licences, ce qui est la chose la plus difficile, et si possible la limiter à un pays et à quelques produits valorisants. Quand la haute couture concède une licence à des fabricants ou lanceurs de parfums, c'est un moyen de faire rayonner la marque. Souvent le propriétaire de la marque tente, plusieurs années après, de récupérer sa marque et de racheter sa licence.

Il faut surtout faire la guerre à ce que l'on appelle les « licences alimentaires » qui apportent de l'argent mais ruinent l'image.

On peut également acquérir une licence. Ce fut le cas il y a quelques années pour Cartier qui fabriquait et distribuait les produits Ferrari et certains produits Yves Saint-Laurent.

La distribution peut aussi être un facteur de diversification ou de sous-traitance, notamment lorsqu'elle est internationale.

Les marques de luxe ont intérêt à maîtriser leur réseau. Mais les quatre réseaux, magasins en propre, distribution sélective dans magasins spécialisés, *duty free shop* et compagnies aériennes, grands magasins avec *corners,* obligent à une distribution mondiale. Or, il existe des grossistes spécialisés dans ces circuits et ils peuvent même aller jusqu'à gérer des mini-galeries marchandes de luxe comme par exemple Bluebell en Asie. Ces grossistes peuvent aussi être des importateurs, métiers très répandus dans les vins et spiritueux où dans chaque pays il existe des spécialistes importateurs (notamment à cause des réglementations qui régissent ce genre de produits liés aux droits spécifiques ou d'accises). Les synergies de distribution entre les vins et spiritueux sont devenues indispensables dans la mesure où les ristournes se font à la fois sur les quantités et la commodité de transport. L'acheminement sur un lieu de vente décentralisé justifie souvent un assortiment complet de plusieurs produits, magasin par magasin.

À ce niveau, le consommateur n'est pas concerné : il ignore ces problèmes logistiques qui ont seulement des répercussions sur le prix de vente au détail qui devient plus avantageux. On est donc dans un domaine où l'incidence sur l'image est quasiment inexistante.

En résumé quelle que soit leur position, les entreprises ont besoin de se développer par croissance, par alliance, par fusion, par acquisition car, comme les familles, les nations, les civilisations, les entreprises sont confrontées à des problèmes décisifs d'évolution qui conditionnent leur avenir.

La vie et la mort des entreprises de luxe répond aux critères classiques de la vie des entreprises, à cette différence près, que les succès du luxe sont éminemment fragiles, et sujets à évolution. Il faut les surveiller plus que d'autres car les changements de goût de la clientèle, l'évolution des mœurs ou la concurrence peuvent remettre en question les plus belles réussites.

De ces quatre stratégies (lancement de nouveaux produits, diversification, acquisition, licences), que peut-on dire ?

D'une part qu'elles ne sont pas exclusives et que d'une certaine manière le développement passe par ces formules qu'il faut savoir doser suivant le secteur et le produit et surtout sa propre capacité d'assumer les effets pervers s'il y en a. Souvent pris entre Charybde et Scylla, on a le choix entre une diffusion de très grande qualité mais *confidentielle* (et qui par conséquent condamne à terme la marque) et l'extension qui fait connaître la marque mais peut la banaliser.

En d'autres termes, le champagne a-t-il pâti de sa distribution dans les grandes surfaces alimentaires ou a-t-il suffisamment de prestige et de contrôle de la fabrication et de la qualité pour ne pas en subir de mauvaises conséquences ? On sait qu'il n'en est pas de même du parfum qui est un farouche partisan de la distribution sélective ne s'étendant pas à la grande distribution. Certaines maisons ont d'ailleurs deux produits (par exemple Bourgeois pour Chanel), l'un réservé à la grande distribution, l'autre aux réseaux spécialisés. Une seule marque a réussi à passer d'un circuit à l'autre : c'est Anaïs, le parfum de L'Oréal, qui après avoir été lancé dans les grandes surfaces a réussi à pénétrer dans le saint des saints de la distribution spécialisée.

Le même effet de cannibalisation ou banalisation s'applique à une politique de licences trop laxiste s'adressant à toutes sortes d'objets qui n'ont plus rien à voir avec le luxe.

C'est également le cas de la déclinaison systématique d'une gamme générique. Les détracteurs du « Must » de Cartier ont un moment critiqué cette politique[1], estimant que l'on risquait d'abîmer la marque. D'une part, ce fut la sagesse de Cartier d'avoir conservé un haut niveau de qualité aux produits baptisés Must. Cette politique a par ailleurs fait des émules au point qu'il ne viendrait maintenant pas à l'idée de quelqu'un de la critiquer. Enfin, du point de vue stratégique, il faut rendre hommage aux visionnaires qui ont réussi à créer le premier groupe financier français de luxe en associant les secteurs du cognac, champagnes, parfums puis bagages Vuitton en créant Louis Vuitton Moët Hennessy, « LVMH ». Bernard Arnault a fort bien compris tout le parti qu'il pouvait tirer de cet ensemble prestigieux qui est un des fleurons français, et en respectant l'autonomie des équipes a pleinement réussi à maintenir la qualité de ce groupe qu'il a développé avec beaucoup de talent. C'est la même voie qui a été suivie par François Pinault. Aujourd'hui on a trois grands groupes (LVMH, Richemont, PPR).

2. **Les hommes.** – Enfin, s'agissant de gestion, il ne faut pas oublier les hommes, « Agir en primitif, raisonner en stratège », disait René Char ; c'est toujours la règle de base. Mais il faut ajouter dans le luxe la di-

1. C'est d'ailleurs historiquement une des raisons pour laquelle Cartier a quitté le Comité Colbert, le président de l'époque qui était le bijoutier Chaumet ayant condamné cette politique. Cartier y est revenu en 2002.

mension qualité et innovation qui oblige à respecter le talent des créateurs.

La cohabitation du créateur et du gestionnaire et de l'homme de marketing (avec ce marketing particulier que nous venons d'étudier) constitue une des gageures du monde du luxe, d'où la formation spéciale attachée à ce domaine et qui s'est traduite récemment par cinq types d'enseignement et de recherche cités par ordre chronologique de création :

- l'Institut de la mode pour former des gestionnaires dans ce secteur (niveau bac + 5) (une vingtaine d'étudiants) ;
- les conférences de Sciences Po sous l'égide du Comité Colbert (élèves de 3e année) (une vingtaine d'étudiants) ;
- la chaire de luxe[1] de l'ESSEC et le MBA du luxe de l'ESSEC ;
- le DESS du luxe à l'Université de Marne-la-Vallée et à la Sorbonne ;
- l'Institut supérieur de marketing de luxe fondé par Cartier[2].

On aura ainsi quelques centaines d'hommes et de femmes formés à ces techniques, ce qui va, à terme, permettre de relever quelques défis dont nous verrons qu'ils étaient de véritables enjeux pour la France afin que ne se renouvellent pas les erreurs d'antan.

3. **Lutte contre la contrefaçon.** – Cette stratégie ne suffit pas si on n'attaque pas fermement une plaie du

1. Une chaire est un moyen pour les écoles de gestion de faire parrainer leurs travaux par une entreprise ou un groupe d'entreprises consistant à inciter une vingtaine d'élèves à choisir des cours spécialisés.

2. Le classement réalisé par le cabiner SMBG positionne cet Institut comme la première formation de luxe en France.

luxe : la contrefaçon qui, paraît-il, représente une perte de plus de 4 milliards d'euros.

La contrefaçon défraie régulièrement la chronique tant en France que sur le reste de la planète. L'économie du faux sévit en effet à un niveau industriel dans le monde entier ; elle couvre un phénomène international, polymorphe et dommageable pour chaque État (activité clandestine et non imposée), chaque consommateur (source d'illusions, voire de dangers), et chaque entreprise concernée (perte de marchés).

Le luxe n'est pas sa seule cible : il y a les médicaments, les logiciels d'informatique et la vidéo ; mais, historiquement, apparaît comme sa première proie. Les contrefacteurs ne se contentent pas d'imiter les produits qui existent déjà, ils inventent aussi des articles non fabriqués par la marque (comme par exemple des brosses à dents) et – ce qui est encore plus grave – copient l'univers-produit. De plus, alors que l'on chiffre facilement le poids économique du secteur français du luxe, le préjudice que cette même branche de l'économie subit reste difficilement quantifiable. D'étonnantes saisies laissent seulement présager l'ampleur du dommage (par exemple, 40 000 montres ont été interceptées chez un seul fabricant au Paraguay).

Une question se pose donc avec une acuité toujours renforcée : *que faire, face à ce fléau ?*

Il faut avant tout connaître les armes techniques utilisables contre les contrefacteurs :

– *Les créations techniques :* inventions à finalité technologique, elles fonctionnent comme les brevets : l'agrafe escamotable des stylos Cartier en offre la parfaite illustration.

– *Les modèles, les dessins, les droits d'auteur :* la loi du 14 juillet 1909 permet de protéger la forme de l'objet – par dépôt – et celle du 11 mars 1957 toutes les créations de l'esprit – sans aucune formalité. L'œuvre d'art pure peut prétendre au « régime » des droits d'auteur, alors que la création appliquée n'a droit qu'à celui du modèle (ce qui handicape l'industrie de la mode).

– *La marque :* dépôt et enregistrement suffisent à protéger ce signe distinctif apposé sur un produit pour le repérer ; il faut ajouter la condition d'utilisation effective dans certains pays.

À toute entreprise qui a pris conscience de l'existence des trois outils précédents s'offrent trois possibilités – cumulables – de lutte : la protection, l'action et l'épuisement économique du contrefacteur.

Se protéger revient à utiliser les trois moyens juridiques dont on dispose : la protection de la conception d'un produit, qui peut durer quatre ans, doit être étroitement liée à celle des protections du produit en question. Les entreprises françaises n'ont manifestement pas systématiquement recours à des spécialistes en la matière : un seul chiffre suffit à révéler cette carence : le total annuel des brevets déposés en France (environ 13 000) est équivalent à celui de la seule firme japonaise Hitachi.

Le recours à des spécialistes s'avère d'autant plus indispensable que, par nature, la protection reste nationale, et qu'il faut connaître celle des autres pays qu'est susceptible de toucher le produit à court, moyen et même long terme.

La protection demeure une condition nécessaire mais non suffisante en matière de contrefaçon : elle n'a d'intérêt que si l'entreprise l'utilise, c'est-à-dire si elle passe à l'action. S'informer se révèle tout à fait primordial, et peut se faire par différents canaux : collecte d'informations par sa propre force de vente (plutôt que par un détective), étude des publications, des publicités, et surtout l'opération spectaculaire comme la destruction médiatique ou le ralliement des contrefacteurs.

En résumé, la gestion créative des marques sera fondée sur :

1 / la qualité, le prestige, le produit, l'innovation ;
2 / l'art ;
3 / le terroir ;
4 / la tradition ;
5 / le prestige, le prix, la rareté ;
6 / le goût.

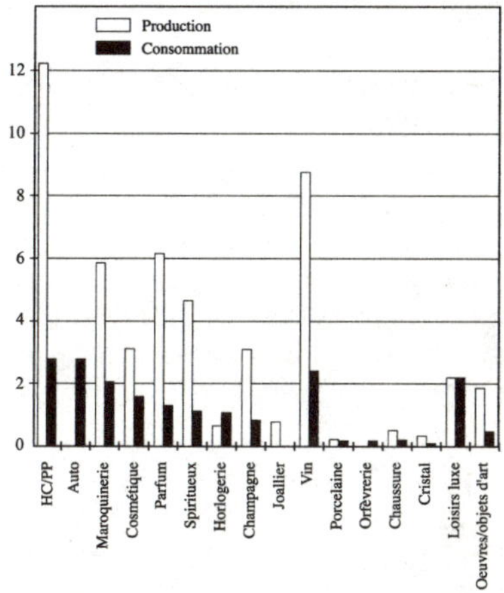

Soldes par secteur de luxe en France (en milliards d'euros).

Aux impératifs d'ordre économique, le volume, l'industrialisation, la nécessité d'un rayonnement mondial et la diversification, on oppose à tort ceux qui sont liés à la création, à la fabrication et à la qualité. Il faut trouver un compromis qui convienne aux produits et à la marque, et pour cela il faut :

– adapter la distribution (et non le concept) aux spécificités locales et du moment ;
– en tirer les conséquences sur la communication.

Chapitre V

LE RAYONNEMENT DE LA FRANCE

I. – Les atouts de la France

La France relèvera le défi du luxe. Il a déjà été écrit dans cet ouvrage qu'aux alentours des années 1930 la France avait la première place en ce qui concerne les voitures de luxe et qu'elle était encore la première en 1960 sur le marché de l'art. Aujourd'hui, d'autres menaces se profilent à l'horizon dans le secteur de la mode et surtout du prêt-à-porter, des parfums, des vins et des spiritueux. Ne renouvelons pas les erreurs d'autrefois. À cause de son excédent sur la balance commerciale et des créations nettes d'emplois qu'il représente, nous ne pouvons pas nous payer le luxe de l'abandonner, alors que nous avons une avance considérable.

Définissons une stratégie globale pour que les marques françaises continuent à dominer l'industrie mondiale du luxe. Sur la base du graphique de la page 103 et de celui de la page 111, il nous suffit pour cela de confirmer notre avance en matière de production ou de combler notre retard.

1. Les aspects positifs.

a) Collectivement, les marques françaises détiennent à peu près 30 % de ce marché, mais en détenait 50 % il y a trente ans, ce qui relativise notre performance.

b) Nous sommes très largement dominateurs dans de nombreux secteurs où nous faisons plus de la moitié du marché. Ces secteurs sont les accessoires de mode, la maroquinerie, le champagne, la cristallerie, la haute couture, la joaillerie, le prêt-à-porter, la parfumerie, les spiritueux et le vin.

c) La troisième force repose sur le fait que nous sommes en très bonne position dans plusieurs marchés : le Japon, la France, la Suisse et les *duty free shops* où nous faisons plus de la moitié du chiffre d'affaires.

d) Nous avons également gagné des parts de marché dans les spiritueux, dans la chaussure, dans les cosmétiques et dans la porcelaine.

e) Le rapport production/consommation du graphique de la page 103 fait apparaître nos principaux atouts. On y voit que la production est toujours supérieure à la consommation, sauf pour les voitures de luxe et la porcelaine.

2. **Les menaces.** – Les années 1990 nous ont fait rentrer dans une zone de turbulence (ou de calme relatif) sur forme de remise en cause de notre suprématie. Aux secousses conjoncturelles s'ajoutent donc nos insuffisances structurelles et la rentrée en lice de nouveaux acteurs. Aux Olympiades du luxe, la France est moins sûre de récolter toutes les médailles d'or.

a) Comme on le voit dans le tableau de la page 111 qui montre la production par pays, nous avons été éliminés de certains secteurs et d'autres risquent de nous échapper. Nous sommes absents des automobiles et de l'électronique de luxe et nous sommes relativement modestes dans la porcelaine, l'horlogerie, la chaussure ou même la cosmétique. Par ailleurs, lorsqu'il y a une concurrence locale forte, notamment aux États-Unis et au Japon en matière de cosmétique, la France ne dépasse pas le sixième du marché. Enfin, il faut se méfier d'un certain nombre de secteurs où nos positions sont en train de s'éroder, comme la haute couture, le prêt-à-porter de luxe et le vin, avec l'arrivée des vins américains du Nord et du Sud, sud-africains et australiens, la classification des vins français étant assez ésotérique pour les étrangers.

b) De nouveaux pays ou de nouveaux acteurs entrent en jeu. Parmi les pays c'est l'Italie qui affichait la plus grande performance : elle fait preuve d'un véritable dynamisme, notamment autour de la ville de Milan.

Citons aussi la création de nouveaux groupes, notamment de groupes de prêt-à-porter allemands (ascension exceptionnelle de groupes comme Escada ou Boss). D'une manière générale, les marques italiennes enregistrent un taux de croissance supérieur à celui des marques françaises tout secteur confondu.

c) En troisième lieu, les années 2000 vont sûrement être marquées par l'effacement des structures artisanales et familiales et la suprématie de la gestion et de la finance va se confirmer.

Par exemple, le lancement des nouveaux produits est de plus en plus coûteux. On sait que pour lancer un parfum il faut plusieurs dizaines de millions d'euros (100 % du chiffre d'affaires de la première année). Ces chiffres ont été considérablement augmentés dans les dernières années, ce qui se traduit notamment pour ce qui est de la parfumerie féminine par des taux d'échec de lancement considérable, à peu près de 90 % d'échec pour 10 % de succès.

La concurrence va donc aussi venir de nouveaux groupes non issus du luxe. À travers des acquisitions notamment dans les secteurs des spiritueux et de la parfumerie ils vont occuper une part importante. C'est ce que l'on voit par exemple lorsqu'il s'agit de faire l'inventaire des industries du parfum (cf. le numéro de *W. Fashion* d'octobre 1991).

Parmi les concentrations de vins et spiritueux, il faut citer celles des grands groupes de spiritueux, Diageo et Baccardi-Martini, ce qui rend encore plus nécessaire le renforcement des groupes français comme LVMH, Moët Hennessy, Pernod-Ricard et Rémy Cointreau.

d) En matière de distribution internationale, la France se trouve confrontée à des problèmes différents suivant les pays. La distribution japonaise rend difficile l'importation de produits étrangers. En outre, les Japonais se sont dotés de structures de fabrication ou de contrôle d'importation. Ces fabricants ont leur propre marque de brandy. N'oublions pas que le Japonais Suntory est le plus grand fabricant de whisky du monde et fabrique également un brandy supérieur, à marque propre, pour 90 % de son marché.

Aux États-Unis, les grands magasins avaient gardé une très bonne connotation liée au luxe. Mais leurs déconvenues financières récentes vont accroître les difficultés. Ces difficultés ont d'ailleurs comme conséquence une concentration, qui rend le pouvoir de négociation de la distribution face aux fournisseurs encore plus fort. Par ailleurs, il faut se méfier des marques propres, notamment de certains grands magasins étrangers qui ne vendent qu'à leurs marques distributeurs.

e) Il faut enfin mentionner les obstacles d'ordre législatif. En premier lieu, la menace pèse à l'échelon européen sur la remise en cause de la distribution sélective applicable en France sous certaines conditions. On peut citer la situation particulière de la diminution des alcools, malgré les 40 millions de bouteilles aux États-Unis et 5,5 millions au Japon[1].

1. Son petit frère l'armagnac tente de le suivre sur cette voie exportatrice mais souffre du retard historique.

Enfin, la lutte contre les contrefaçons ou les marques copiées *(replica brands* ou *knock offs)* qui pourraient représenter un dixième du marché des productions concernées, se heurte à des laxismes juridiques de certains pays.

3. **Les remèdes**[1]. – Les remèdes pourraient être les suivants :

a) Continuer à nous servir de notre légitimité culturelle et économique qu'il faudra conforter par un savoir-faire d'innovation et de marketing.

b) En ce qui concerne les réseaux de distribution, il faut distinguer la France et l'étranger. Les réseaux internationaux sont déterminants pour l'écoulement des produits. Ils nécessitent des moyens financiers et des efforts de marketing très décentralisés en tenant compte des situations par pays et par circuits.

c) Enfin, s'agissant d'une activité liée au prestige d'un pays et à son rayonnement, il ne faut pas oublier que tout ce qui sert la France sert le luxe et inversement. Les actions collectives consistent à accroître notre rayonnement culturel, linguistique, etc., appuyées sur des promotions regroupant fournisseurs et distributeurs.

d) Cette prise de conscience globale passe par les efforts sur la formation à la fois technique et commerciale et le développement de nos instruments d'analyse ou de vigie. De réels progrès ont été faits depuis quelques années et les instituts de formation déjà cités agissent en synergie et d'une manière complémentaire.

De son côté le rapport, déjà cité, établi pour le ministère de l'Industrie, souhaite que la rente de marque serve au développement d'emplois sur le territoire

1. Voir à ce sujet notre livre, déjà cité p. 30, sur le rôle de la France.

français. Une politique industrielle vis-à-vis des marques de luxe doit, selon lui, viser à :

- favoriser le dépôt des marques sur le territoire français ;
- garantir le respect de la propriété, donc lutter contre la contrefaçon ;
- garantir la distribution sélective dont la remise en cause détruit la rente de marque ;
- encourager les marques à maintenir, voire à élever, leur niveau de qualité en s'appuyant sur des réseaux productifs français ;
- veiller à la compétitivité des réseaux productifs nationaux qui sous-tendent les marques de luxe françaises et étrangères, en encourageant la sous-traitance et la prise de licences de fabrication ;
- soutenir l'implantation de magasins de luxe en France et à l'étranger ;
- inciter les instances de coordination du luxe à dépasser leur rôle de représentation des maisons établies en stimulant la compétitivité et le renouvellement des marques ;
- favoriser l'accès à la notoriété de créateurs talentueux de toutes nationalités en sorte qu'ils développent, sous leur marque, les réseaux productifs du territoire national ;
- promouvoir les représentations du luxe et leur circulation à travers les médias audiovisuels mondiaux, pour contribuer à faire de la France un point de passage obligé des représentations du luxe.

4. **Stratégie pour la France.** – Avec 1,5 % du PNB, l'industrie du luxe crée environ 5 000 emplois par an. De plus, l'excédent commercial net dégagé par ces entreprises de 5 milliards d'euros, permet bon an mal an de réduire notre déficit commercial inquiétant depuis quelques années. Cela est d'autant plus avantageux

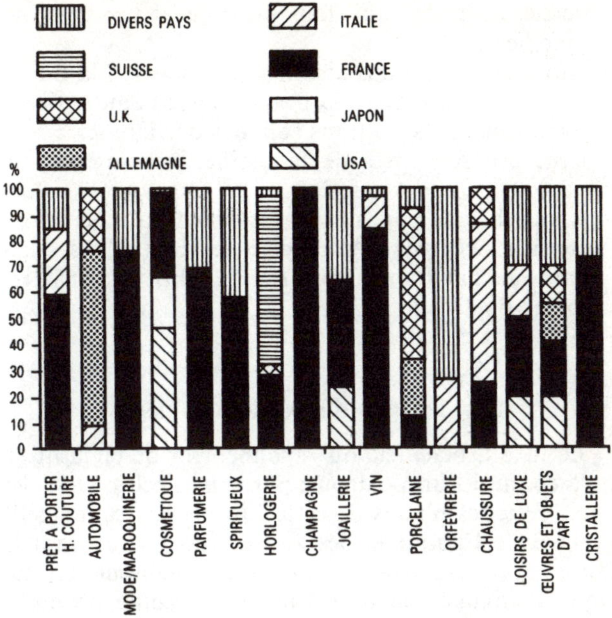

Répartition de la production par secteur et par pays (en %).

que c'est avec les pays où nous avons traditionnellement les plus gros déficits que nous enregistrerons les plus grosses exportations.

Les secteurs que la France doit reconquérir sont :

- l'automobile où les n°s 1 sont l'Allemagne avec plus des deux tiers du marché, l'Angleterre un quart et l'Italie un dixième ;
- la porcelaine où le n° 1 est l'Angleterre avec plus de la moitié, l'Allemagne avec un cinquième ;

- la chaussure où nous sommes avec un quart loin derrière l'Italie qui fait plus de deux tiers du marché ;
- l'horlogerie où nous sommes loin derrière la Suisse qui fait les deux tiers, la France faisant l'autre tiers ;
- les cosmétiques où nous sommes derrière les États-Unis qui font près de la moitié, nous-mêmes un tiers et le Japon le reste ;
- le marché des objets et œuvres d'art où nous avons été distancés par l'Angleterre, les États-Unis, malgré le rachat français par PPR de Christies, et la réforme de Drouot ;
- la HIFI et certains loisirs de luxe.

II. – Le luxe du XXe au XXIe siècle

Le luxe a bénéficié du rayonnement de civilisation qu'a connu l'Europe depuis plusieurs siècles. Dans les deux périodes phares de cette Europe finissante, celle de la Belle Époque et des années folles, encadrant la guerre dramatique de 1914, le luxe se maintient en Europe et singulièrement en France. Grâce au triomphe de la mode, des voitures, des parfums, et surtout de la culture incarnée par la peinture impressionniste (puis le cubisme), par la musique, les ballets, la littérature, tout ce que l'intelligentsia du monde avait d'important se retrouve à Paris.

Malgré la crise de 1929 et les erreurs économiques françaises, grâce au rayonnement intellectuel de notre pays, Coco Chanel, Jeanne Lanvin, Louis Cartier qui ont succédé à Poiret et à Worth, sont bien les rois et les reines que les « grands » veulent connaître et chez qui ils veulent s'habiller et acheter des bijoux.

La France reprend sa place sur la lancée de la Libération et de l'après-guerre, grâce à la mode avec Christian Dior, le *new look,* la révolution zazou, l'existentialisme, les caves de Saint-Germain-des-Prés, ses films et ses chansons.

C'est peut-être en fonction de notre décolonisation cahotique, puis des événements de Mai 68 (qui remirent en question la société de consommation), que le luxe français commença à perdre ses parts de marché : on n'a plus le souci de s'habiller quand les slogans sont à la nudité. Le général de Gaulle n'était pas un homme d'ostentation et il y eut paradoxalement entre la rigueur de son dépouillement militaire et la révolte (contre le paraître et la consommation ostentatoire) des jeunes de Mai 68 une certaine connivence. On connaît la phrase de Georges Pompidou sur le luxe[1]. Pourtant, ces deux présidents avaient rehaussé le prestige de la France, ce qui permit au luxe, dont on rappelait au passage qu'il ne devait pas nous faire oublier les grands enjeux technologiques du XXe siècle, de se développer, malgré la suprématie d'autres pays comme les États-Unis et le Japon, le premier imprimant sa marque par l'audio-visuel sur nos écrans et nos radios. La fin des années 1970 furent des années plus sages, des années de recentrage. Ce recentrage, on avait déjà pu le découvrir dans une certaine forme assez conformiste de la mode après le deuxième choc pétrolier de 1978 où rien de choquant ou d'excentrique n'était apparu, ce qui contrastait avec la liberté sexuelle et l'explosion des films « X » qui fut, il est vrai, de courte durée. Tout se passait comme si la mode, en quelque sorte, préfigurait cette époque de crise et de choc pétrolier que nous allions connaître. Ce fut la période où les émirs arabes envahissaient nos

1. « Chère vieille France ! La bonne cuisine ! Les Folies-Bergères ! Le Gai-Paris ! La haute couture et de bonnes exportations, du cognac, du champagne, des bordeaux ou du bourgogne ! C'est terminé. La France a commencé et largement entamé une révolution industrielle. »

bijoutiers et nos grands couturiers (ils représentent encore 20 % de leur chiffre d'affaires, chiffre qui avait été porté à cette époque pour certains d'entre eux à 50 %). Parallèlement, et ce fut l'événement principal des années 1980, les jeunes découvraient le luxe, le luxe accessible, celui de l'accessoire dans une attitude un peu sage, mais festive.

C'est à partir des années 1984-1985 que le luxe va connaître sa période de gloire. Jack Lang, le ministre de la Culture, s'y intéresse. Il propose la cour Carrée du Louvre pour des défilés de mode, crée le Centre national des arts culinaires. Il multiplie les fêtes collectives autour du cinéma, de la musique et du théâtre et monte à la tribune de l'Assemblée en costume de Thierry Mugler. Avec cette période, la mode va redevenir théâtralisée, médiatisée. Le consommateur n'est plus animé par les mêmes attitudes précautionneuses. On a exonéré les œuvres d'art de l'impôt sur les grandes fortunes et le mécénat acquiert droit de cité, notamment grâce à la loi de juillet 1987. Les boutiques vont se multiplier. Il faudra occuper tous les créneaux et conquérir de nouveaux territoires, de peur que le concurrent ne les occupe à votre place. En période de forte croissance annuelle, on peut se permettre des erreurs.

Au deuxième trimestre 2001, les ventes mondiales d'accessoires de mode, parfums, maroquinerie ou horlogerie-joaillerie représentaient deux fois plus qu'en 1992 et trois fois plus qu'en 1985.

Cette ruée vers le luxe reflétait d'abord la prospérité planétaire. Américains enrichis par la plus longue période de croissance de leur histoire, Européens requinqués par la reprise, ou des Asiatiques sortis du marasme, les consommateurs avaient clairement décidé de se faire plaisir. Les Américains et les Japonais étaient les premiers consommateurs de luxe.

Un marché de 150 milliards d'euros

Répartition géographique des marchés en 2006 ([1]) *– Production*

France	33 %
Europe (hors France)	20 %
Autres	2 %
Japon	13 %
Asie-Pacifique	10 %
Moyen-Orient	3 %
Amérique (hors USA)	4 %
USA	15 %

([1]) Cf. notre livre déjà cité p. 30 et le tableau p. 62.

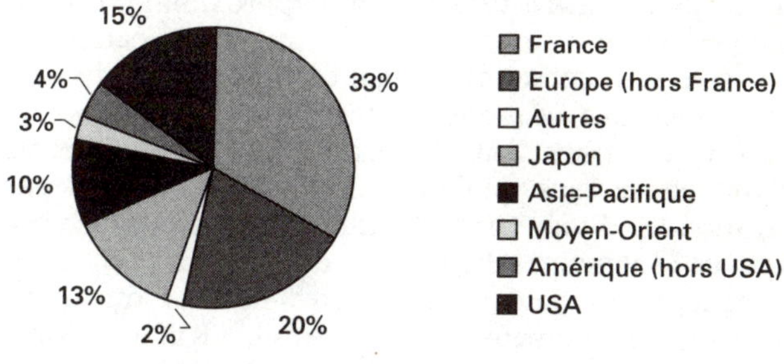

En effet, l'année 2001 avait plutôt bien commencé pour le secteur du luxe avec de bonnes croissances d'activité sur le premier trimestre, malgré un ralentissement déjà perceptible aux États-Unis. Les événements du 11 septembre ont alors été le véritable catalyseur d'une crise mondiale et les répercussions pour le secteur ne sont pas négligeables. Nous retrouvons trois niveaux de répercussions de cet événement pour les sociétés du secteur du luxe mondial :

- l'impact économique ;
- l'impact monétaire ; l'évolution à la baisse des monnaies notamment du yen par rapport au dollar détermine le pouvoir d'achat des Japonais lors de leurs déplacements à l'étranger ;
- la chute des flux touristiques ; notamment le tourisme japonais qui constitue l'une des principales clientèles des groupes de luxe.

Après une crise en 2002, le luxe a retrouvé le chemin de la croissance. Il doit relever trois défis. Tout d'abord, le luxe est une exigence. Il ne se décrète pas, il se mérite. Il est le résultat de tous les instants pour la quête du raffinement, de l'élégance et du bon goût. Il ne souffre ni l'à-peu-près, ni l'approximation. Il est la perfection. Ajoutons à cela que cette perfection exige le zéro défaut aussi bien dans la qualité du produit que dans sa présentation.

En deuxième lieu, le luxe doit être audacieux. C'est en ce sens qu'il doit accepter de s'ouvrir sur le monde, d'une part, en admettant la concurrence qui est toujours salutaire, et d'autre part, en s'imprégnant des valeurs des autres nations ou continents. Les fameux BRIC (Brésil, Russie, Inde, Chine) ont vocation pour devenir de vrais créateurs de luxe. Ils le méritent grâce à leurs richesses naturelles, leur passé, leur tradition, leur savoir-faire et le développement de leur économie. Ils sont notre chance si nous savons à la fois nous nourrir de leurs richesses peut-être même en les adoptant ou les adaptant.

En même temps, nous devons leur apporter la nôtre, puisée au fin fond de notre tradition multiséculaire. C'est sur cet enrichissement réciproque fondé

Les leaders mondiaux du luxe et leurs différentes branches	
LVMH Luxury	
Louis Vuitton	42 %
Parfums cosmétiques	35 %
Autre cuir et mode	13 %
Bijoux et montres	10 %
Richemont	
Cartier	62 %
Mont-Blanc	8 %
Alfred Dunhill	7 %
Piaget	5 %
Baume et Mercier	5 %
Vacheron Constantin	3 %
Van Cleef & Arpels	3 %
Autres	7 %
Gucci Group	
Gucci	66 %
YSL Beauté	24 %
Sergio Rossi	3 %
YSL Couture	4 %
Boucheron	3 %
Prada	
Prada	67 %
Miu Miu	9 %
Church	13 %
Jil Sander	11 %
Tod's	
Tod's	43 %
Hogan	43 %
Fay	14 %
Swatch	
Swatch	29 %
Omega	34 %
Rado	6 %
Longines	7 %
CK Watch	4 %
Tissot	4 %
Blancpain	2 %
Autres	14 %

sur l'échange et la meilleure connaissance des marchés que va se développer le luxe de demain.

Le troisième défi de luxe, c'est celui de l'innovation. Il doit toujours se remettre en question et découvrir de nouvelles frontières qu'elles soient technologiques ou commerciales et par-dessus tout peut-être esthétiques, d'où l'importance du mécénat d'art pour cette industrie.

Perfection, ouverture sur le monde, innovations, tels sont les trois défis du luxe.

Le luxe éternel. – Sur quoi se fondera ce luxe ? Sans doute davantage sur l'épanouissement de l'être, à la fois moral, physique et spirituel. Il sera un antidote aux maux dont souffre aujourd'hui la société : le stress de la vie urbaine, le bruit, les luttes, les révoltes et les haines, l'hypermédiatisation qui sature nos capacités d'apprendre et de comprendre, les menaces de toutes sortes qui pèsent sur le monde et sur notre santé par les déséquilibres écologiques.

Dans cette optique, le luxe de demain sera moins un objet qu'une nouvelle manière d'être. L'environnement, le calme, la beauté y joueront un rôle fondamental. Qui inventera ce nouvel Éden où l'homme se sentira bien dans son corps et dans son cœur, par exemple à Venise en hiver, à Bali ou au Maroc au printemps, dans une abbaye bénédictine pour écouter des chants grégoriens ; partout où l'homme retrouvera ce qui est la suprême règle du luxe : l'exigence.

Peut-être, pour ce faire, faudra-t-il favoriser l'éclosion d'un nouveau Palladio capable de construire de nouveaux lieux et objets superbes, porteurs d'inspiration et de beauté qui, à l'instar de Venise et de Vicence, permettront à tous ceux qui ont compté dans le monde de la création de venir se ressourcer : qu'ils s'appellent Fortuny pour fabriquer des tissus, Hemingway pour manger et admirer du « Carpaccio », George Sand et Musset pour y sublimer leurs amours, Byron, Stendhal et Ruskin pour y écrire leurs chefs-d'œuvre. Mais il faudra aussi ces entrepreneurs et hommes politiques que furent les Doges pour comprendre tout le parti que l'on peut tirer de telles richesses.

Chapitre VI

LE XXIe SIÈCLE

Ce début de siècle et de millénaire ne va pas, comme on l'avait craint au début de cette dernière décennie, voir l'effacement du luxe. Bien au contraire. Né avec Charlemagne et les Carolingiens, religieux par les cathédrales puis émergeant petit à petit de l'obscurantisme du Moyen Âge, le luxe qui éclate avec la Renaissance et se démocratise grâce à la civilisation industrielle est véritablement pour le monde occidental la marque du IIe millénaire. Au seuil du IIIe millénaire il va trouver un concurrent : l'industrie de la communication, à la fois celle du savoir éternel mais aussi de l'éphémère. Au luxe, de choisir sa place entre ces deux pôles : celui du clinquant, celui de l'authenticité.

Et c'est le chemin pris par cette dernière décennie marquée pour le luxe par un recentrage à la différence de la précédente. Comme il a été écrit : « Les années 1980 ont été celles de l'argent facile, du clinquant, du frivole et parfois de l'imposture. Les années 1990 seront celles du retour au sérieux, au simple et à l'authentique. Le grand banquet matérialiste est terminé. Les consommateurs n'achètent plus pour la galerie. Tous les secteurs sont touchés : dans la publicité, la gastronomie et même dans l'art ou la littérature, les Français récusent le bluff et retournent aux vraies valeurs. »[1] « Quelque chose a changé dans la tête des Français. Moins capricieux, plus exigeants, ils dépensent autrement, et recherchent des produits sim-

1. *Le Point,* 16 novembre 1991, no 1000.

ples, pratiques, écologiques. À la tête de la grande révolution, les femmes. »[1]

Avec ce début de millénaire tous les problèmes vont se télescoper et l'imagination populaire le sent confusément comme au temps de la grande peur de l'an mil.

En dix ans, deux événements majeurs ont frappé le secteur du luxe : la guerre du Golfe et les événements du 11 septembre 2001, amplifiant une crise économique qui était déjà sous-jacente. Après le 11 septembre, les ventes « brillantissimes » de l'année 2000 et début 2001 se sont soudainement effondrées.

Le ralentissement de l'économie mondiale, la baisse importante des flux touristiques mondiaux et notamment des touristes japonais et américains ainsi qu'un comportement d'incertitude de la part des consommateurs affaiblissent le marché du luxe.

Il ne faut pas en tirer des conclusions alarmistes. La seule leçon à tirer est que le secteur du luxe est plus sensible que d'autres secteurs aux aléas de la conjoncture. Il est éminemment cyclique et ses variations sont accentuées à la hausse comme à la baisse. On peut dire que le luxe est non seulement cyclothymique mais également maniaco-dépressif, c'est-à-dire que les moments d'angoisse font suite aux moments d'exaltation. C'est pourquoi nous constatons que le secteur du luxe traverse les crises (crises pétrolières, la récession mondiale dans les années 1980, la guerre du Golfe dans les années 1990...) en retrouvant son ardeur.

En effet, plusieurs éléments peuvent expliquer ce phénomène :

- la croissance de la richesse des populations et l'émergence mondiale d'une classe moyenne plus aisée ;
- des jeunes consommateurs au pouvoir d'achat croissant ;

1. *L'Express*, 7-13 novembre 1991, n° 2105.

– l'ouverture régulière de magasins et l'entrée sur de nouveaux territoires géographiques. À titre d'exemple, les marques entament seulement depuis peu leur développement sur de vastes et prometteurs marchés, comme l'Inde, la Chine, la Russie ou le Brésil (le fameux BRIC). Ce sont les quatre nouvelles frontières du luxe et il ne faut pas laisser passer cette chance. Chaque semaine un nouveau magasin de luxe s'ouvre à Moscou. Il en sera bientôt de même à Shanghaï et à Pékin puis, un jour, à Bombay et à Calcutta ;
– la démocratisation du tourisme, liée à l'abaissement du coût des voyages et à la progression des revenus et du temps dédié aux loisirs, favorise le développement de la notoriété des marques et la progression du commerce lié aux voyages ;
– enfin, n'oublions pas la dimension psychologique de la consommation de produits de luxe, dont, en plus d'un côté valorisant, la pérennité et la qualité rassurent.

Ainsi, à l'issue de chaque crise, certaines maisons disparaissent, mais celles qui surpassent la crise en sortent plus fortes.

Alors, que va devenir le luxe dans ce monde en fusion ? Il faut se référer à la phrase de Malraux lancée sous forme de boutade mais lourde de sens. « Le XXIe siècle sera religieux ou ne sera pas. » Religieux au sens de Malraux, c'est-à-dire fondateur de ce réseau mystérieux qui relie les hommes à la beauté, c'est-à-dire aux chefs-d'œuvre de la création.

Ce n'est pas un hasard si, avec la consommation de masse, les luxes plus accessibles vont permettre à des hommes et des femmes de retrouver du temps libre, des loisirs et de la qualité de vie.

Cela ne veut pas dire que le luxe va se banaliser. Tout se passe comme si, au moment du redéploiement des pratiques sportives dans des disciplines autrefois réservées à une élite, les puristes devaient crier au scandale. Il en est de même pour la pratique culturelle. Et c'est la raison pour laquelle il faut conserver pour une élite des salles de concert (qui ne seront jamais rentables) pour permettre aux quelques virtuoses d'exercer leur art afin d'enregistrer des disques ou faire des films. Mais ce n'est pas une raison de ne pas encourager les pratiques d'amateur qui sont une façon de participer au banquet des meilleurs sans avoir la prétention de les égaler. Participer, c'est trouver pour le luxe de nouveaux créneaux qu'il serait malséant de qualifier de populaires.

À côté du luxe de très grande qualité, il faut découvrir ce luxe nouveau, ce luxe qui s'inspire des nouvelles études de la COFREMCA sur le sens, ce luxe de la créativité et du choix personnel guidé par une communication intelligente et de bon goût. As-tu donné aujourd'hui du bonheur ? Tel était l'examen de conscience que faisait tous les soirs un sage oriental. À cette aune, le luxe peut apporter du bonheur qui n'est pas égoïste parce qu'il est cadeau, découverte, choix personnel, participation au même titre que la résistance d'un sportif, les coups de raquette de la coupe Davis, les admirables coques de l'*America Cup* ou les médailles olympiques qui font partie aujourd'hui de notre paysage culturel.

Nous avons voulu montrer que le luxe s'exprime à la fois par :

- le luxe ostentatoire et somptuaire réservé à quelques-uns ;
- le luxe, comme choix personnel, qui gagne chaque année du terrain.

Entre les deux, il y aura toujours ceux qui veulent s'immiscer pour accéder à la cour des grands. Mais le seul critère qui doit demeurer est celui de la personnalité, de la qualité, de l'authenticité et du bon goût, quel qu'en soit le niveau.

Voilà pourquoi le luxe peut être une approche de la création, une *révélation chez chaque individu de la parcelle de créativité* qu'il porte en lui, même si sa limite est de se traduire par un acte d'achat (qui, en définitive, peut s'assimiler à un acte de consommation). S'agissant du luxe, ce n'est pas un acte de destruction, mais de sublimation parce qu'il implique une connaissance, du goût, un choix délibéré, c'est-à-dire un enrichissement, une culture.

On ne le répétera jamais assez : le luxe est une démarche *personnaliste* au sens *philosophique* du terme, le plus souvent lié au goût. Est-ce que finalement ce ne serait pas un acte qui donne un *sens* à une démarche quelle qu'elle soit ? Le luxe de pouvoir, le luxe de séduction, le luxe d'ostentation, le luxe plaisir des sens doit retrouver sa véritable fonction qui est celle de l'*identité*.

Nous vivons un tournant historique. Cette première décennie du millénaire ne ressemblera pas aux années 1980. Certains comportements ostentatoires vont s'éclipser au profit de valeurs plus profondes liées à la personnalité, à son épanouissement individuel et collectif. Le temps, l'espace, la liberté et finalement l'amour dont le luxe cadeau est aussi un symbole vont l'emporter sur le clinquant, le superficiel ou l'excès. Peut-être s'agissait-il d'un faux rêve dévoyé par les excès d'une mauvaise mercatique. En cette nouvelle décennie, le produit est en train d'être réhabilité avec ses principaux composants : la valeur et l'authenticité.

Après des années hédonistes, nous sommes peut-être en train d'entrer dans une ère plus qualitative où la morale et la générosité, le sérieux confirment la suprématie de l'être sur le paraître, du choix personnalisé sur la démarche grégaire. Ceux qui veulent continuer à appliquer les recettes d'autrefois feront fausse route s'ils n'intègrent pas dans leur raisonnement cette nouvelle dimension. Petit à petit, le luxe va retrouver ce qu'il n'aurait jamais dû cesser d'être : ce cri de l'humanité vers ce qui la dépasse, c'est-à-dire ce culte de la beauté et de la bonté, cet hommage des hommes à la création et à ce qui les relie entre eux, c'est-à-dire à l'amour, l'amour et le respect des autres, l'amour de l'œuvre et du produit bien fait.

Le luxe ne serait-il pas en définitive un des moyens de faire découvrir aux femmes et aux hommes la grandeur qu'ils ont en eux ?

BIBLIOGRAPHIE

GÉNÉRALE

Danielle Allérès, *Luxe, stratégie Marketing,* Economica.
Christian Blanckaert, *Les chemins du luxe,* Grasset, 1996.
Jean Castarède, *Histoire du luxe en France des origines à nos jours,* Éditions Eyrolles, 2006.
Robert Colonna d'Istria, *L'art du luxe,* Hermine.
Valérie Haie, *Donnez-nous notre Luxe quotidien,* Gualino, 2002.
Michel Lombard, *Produits de luxe, les clés du succès,* Economica.
Stéphane Marchand, *La guerre du luxe,* Fayard, 2001.
Philippe Perrot, *Le luxe,* Éditions du Seuil.
Jacques Marseille, *Le luxe en France des « lumières » à nos jours,* Histoire économique, 1998.

À signaler aussi, aux Éditions Percepta : *Le marché du luxe, Les accessoires du luxe,* et le rapport Mac Kinsey déjà cité, non publié.

HAUTE COUTURE / PRÊT-À-PORTER

Françoise Giroud, Sacha Van Doisen, *Christian Dior,* Éditions du Regard.
Yvonne Deslandres, Florence Müller, *Histoire de la mode au XXe siècle,* Éditions Somogy.
Yves Saint-Laurent, Musée des Arts de la mode.

COSMÉTIQUES / PARFUMERIES

« Odeurs », numéro spécial d'*Autrement* sous la direction de Jacqueline Blanc-Mouchet (n° 92).
Dinand, *Les formes du parfum, trente ans de design,* Belfond.
Ghislaine Pillivuyt, *Histoire du parfum,* Denoël.
Danielle Allérès, *Industries cosmétiques,* Economica.
Annick Le Guérer, Le nez des philosophes, *in* « Odeurs », numéro spécial de la Revue *Autrement,* « Les pouvoirs de l'odeur », Paris, François Bourin, 1988.

CHAMPAGNES / SPIRITUEUX

François Bonal, *Champagne,* Grand Pont.
Rémy Martin, *L'esprit du cognac,* EPA.
Martell, *Le cognac,* Chêne/Hachette.
La genèse du cognac, Dupuy-Compton.
Henri et Rémy Krug, *L'art du champagne,* Laffont.
Dufor, *L'armagnac,* Privat.

HORLOGERIE / JOAILLERIE

Franco Cologni, E. Mocchetti, *L'objet Cartier..*
George Gordon, *Cartier, un siècle de montres Cartier.*
Hans Nadelhoffer, *Cartier, l'art de Cartier, Musée du Petit-Palais,* Éditions du Regard.

Gilles Néret, *Boucheron,* New York, Rizzoli.
Norbert Tieger, *Horloges anciennes,* Flammarion.
Catherine Cardinal, *La montre,* Office du Livre.
Ger Daniels, *Parures et bijoux traditionnels,* Menges.
Zucker, Süsman, *Gemmes et joyaux,* Bibliothèque des Arts.
Sylvie Raulet, *Bijoux art déco,* Éditions du Regard.
Gilles Néret, *Ces bijoux qui font rêver,* Solar.
Baracca, Negretti, Neucini, *Le temps de Cartier,* Fondation Cartier.
Françoise Cailles, *Le prix des bijoux,* ACR.
Erte, *Catalogue raisonné des bijoux,* Bibliothèque des Arts.
A. Kenneth Snowman, *Maîtres joailliers,* Denoël.
Henri-Jean Schubnel, *Pierres de lumière et objets précieux,* Arthaud.

TISSUS / MODES

Encyclopédie de la mode, Nathan.
Mary Shoeser, Kathleen Dejardin, *Tissus français d'ameublement de 1760 à nos jours,* Flammarion.
Grazietta Butazzi, *La mode. Art. Histoire. Société,* Hachette.

ARTS DE LA TABLE

Roger Bernard, Maître Jean-Claude Renard, *La faïence de Gien.*
Janine Bloch Dermant, *Le verre en France,* Éditions de l'Amateur (XIXe et XXe siècles).
Jacqueline Bellanger, *Verre d'usage et de prestige,* Les Éditions de l'Amateur (XVIIe et XVIIIe siècles).

AUTRES

Palaces et grands hôtels d'Europe, Flammarion.
Henry Louis Vuitton, *La malle aux souvenirs,* Mengès.
Josette Bredif, *Toiles de Jouy,* Adam Biro.
André Bercoff, *La mémoire des palaces,* Fayard.
Guides (Ferrari, Alpine, Porsche, Jaguar).
Peter Vann, Serge Bellu, *Le rêve automobile,* EPA.

TABLE DES MATIÈRES

Imprimé en France
par MD Impressions
73, avenue Ronsard, 41100 Vendôme
Mai 2007 — N° 53 647